나는
50살에
진짜 투자를
시작했다

# 나는 50살에 진짜 투자를 시작했다

발행일     2025년 12월 24일

지은이     제이안
펴낸이     손형국
펴낸곳     (주)북랩

출판등록   2004. 12. 1(제2012-000051호)
주소       서울특별시 금천구 가산디지털 1로 168, 우림라이온스밸리 B동 B111호, B113~115호
홈페이지   www.book.co.kr
전화번호   (02)2026-5777                    팩스     (02)3159-9637

ISBN      979-11-7598-049-5 03320 (종이책)        979-11-7598-050-1 05320 (전자책)

**작가 연락처 문의 ▸ ask.book.co.kr**

전용 게시판에 문의를 남기시면 저자에게 직접 전달됩니다.

**(주)북랩** 성공출판의 파트너

북랩 홈페이지와 SNS에서 다양한 출판 솔루션을 만나 보세요!

**홈페이지** book.co.kr   •   **블로그** blog.naver.com/essaybook   •   **출판문의** text@book.co.kr
**카톡채널** 북랩

월급쟁이였던 내가
100억 자산가 동기에게서 배운
조기 은퇴 전략

# 나는 50살에 진짜 투자를 시작했다

제이안
지음

노동 소득의 속도는
자본 소득을 따라갈 수 없다!

그래서 그는 50살에
자신만의 투자 시스템을 만들었다.

**연 2회 리밸런싱만으로 흔들림 없이 성장하는
직장인 생존 투자 매뉴얼
제이안의 자동투자 전략 공개!**

북랩

## 직장인을 위한 자동투자 시스템-
## 연 2회 리밸런싱으로 만드는 은퇴 포트폴리오

직장인에게 투자는 늘 어렵고 부담스러운 숙제와 같습니다. 업무에 치여 시간은 부족한데, 시장은 도무지 예측할 수 없으며, 쏟아지는 뉴스는 불안감만 키울 뿐입니다.

그러나 복잡한 소음 속에서도 자본주의의 본질은 명확합니다. "모든 자산은 결국 우상향한다." 이 단순한 진리를 기반으로, 예측의 영역인 '타이밍' 대신 구조적인 '시스템'으로 투자한다면 누구나 장기적으로 승자가 될 수 있습니다.

이 책은 '전문가가 아닌 평범한 직장인'을 위한 실전 투자 매뉴얼입니다. 매일 시황을 분석하거나 차트를 들여다보며 스트레스받을 필요가 없습니다. 그저 시장에 끝까지 남아 있기만 하면 됩니다. 단, 그 방식은 철저하게 체계화되어야 합니다.

여기서는 1년에 단 두 번, 4월 21일과 10월 21일에만 자산을 점검하는 '자동투자 시스템'을 제안합니다. 개별 주식을 고르는 대신 국내외 주식 ETF, 채권 ETF, 금 ETF 그리고 비트코인 및 현금을 일정한 비율로 나누어 운용하는 방식입니다.

이 시스템의 핵심은 '예측'이 아니라 '유지'에 있습니다. 시장은 끊임없이 상승과 하락을 반복하지만, 그 파도 속에서 손해를 최소화하며 시장에 머무는 사람만이 복리의 힘을 온전히 누릴 수 있습니다. 만약 연 10%의 수익률을 꾸준히 낼 수 있다면 당신의 자산은 20년 뒤 6배, 30년 뒤에는 16배로 불어납니다. 이 놀라운 '복리의 마법'은 시장을 이기려는 욕망이 아니라, 시스템 안에서 지속적으로 참여하는 습관에서 나옵니다.

이 책의 모든 내용은 저자인 제가 직접 실행하고 검증한 장기 투자 전략을 기반으로 구성되었습니다.

- 10월~4월은 상승기, 5월~9월은 조정기로 보고, 반기별 리밸런싱을 시행합니다.
- 자산은 주식·채권·금·비트코인·현금으로 나누어 분산하되, 개별 종목의 리스크를 없애기 위해 시장 지수를 추종하는 ETF 위주로 투자합니다.
- 시장이 불안정할 대는 현금 비중을 높여 손실을 방어합니다.
- 비트코인은 반감기 주기를 활용해 '3년 투자, 1년 휴식'의 구조로 접근하여 변동성을 관리합니다.
- IRP와 연금 저축 계좌를 적극 활용하여 세금 혜택을 챙기면서 복리 구조를 더욱 강화합니다.

이 시스템을 유지하는 데 필요한 시간은 하루 10분, 연 2회의 실행만으로 충분합니다. 투자는 고통스러운 노동이 되어서는 안 됩니다. 그것은 견고한 구조여야 합니다. 누구나 쉽게 따라 하고 실행할 수 있는 간결한 구조야말로 장기 복리 투자의 출발점입니다.

이 책을 통해 독자 여러분은 흔들리는 '투자 감정'에서 벗어나, 든든한 '투자 시스템'을 자신의 인생에 설치하게 될 것입니다. 결국 돈을 불리는 것은 '감'이 아니라 '구조'며, 그 구조는 단순할수록 더욱 강력합니다.


## 가장 늦었다고 생각한 50세, 나는 비로소 '진짜 돈'을 벌기 시작했다

저는 현재 50대 중반의 평범한 직장인입니다. 저의 목표는 5년 뒤, 60세에 소소하게 은퇴하는 것입니다.

불과 5년 전까지만 해도 저는 '투자'라는 단어와 거리가 먼 사람이었습니다. 매달 통장에 찍히는 월급에 만족했고, 성실하게 회사 생활을 하는 것이 가장 확실한 노후 준비라고 믿었습니다. 주식이나 코인은 일확천금을 노리는 도박꾼들이나 하는 것이라 여겼고, 은행 예금 금리가 조금이라도 높은 곳을 찾아다니는 것이 재테크의 전부인 줄 알았습니다.

하지만 5년 전, 삼성그룹 신입 사원 시절을 함께한 입사 동기와의 만남이 제 인생의 항로를 완전히 바꿔 놓았습니다.

그 친구는 저와 같은 해에 삼성그룹에 입사해 30년 넘게 저와 유사한 IT 업계에서 일을 해 온 입사 동기였습니다. 30년 전, 파릇파릇한 20대 후반의 신입 사원 시절, 우리가 첫 월급을 받아 술을 마시고 차를 살 궁리를 할 때 그 친구는 조금 달랐습니다. 그는 월급을 쪼개 당시 대한민국 대표 기업이었던 '삼성전자' 주식을 매달 적립식으로 사 모으기 시작했습니다.

처음엔 다들 그를 답답해했습니다.

"야, 그거 사서 수익률이 꽤 좋다고 했는데, 이제 팔고 현금화시켜야지. 차라리 그 돈으로 차를 바꿔."

하지만 그는 아랑곳하지 않았습니다. IMF가 터져 주가가 폭락할 때도, 닷컴 버블이 꺼질 때도 그는 묵묵히 주식을 샀습니다. 그리고 어느 정도 목돈이 모이자, 그는 그 시드머니를 바탕으로 주식과 채권을 섞어 가며 자산을 배분하고 리밸런싱을 시작했습니다.

30년이 지난 지금, 결과는 충격적이었습니다. 저는 여전히 월급날만 기다리는 평범한 직장인이었지만, 그는 금융 자산만 100억 원이 넘는 자산가가 되어 있었습니다. 그가 보여 준 계좌의 숫자는 단순한 돈이 아니었습니다. 그것은 '시간'과 '복리'가 만들어 낸 거대한 성이었습니다.

그날 저는 머리를 한 대 얻어맞은 듯한 충격에 휩싸였습니다. '나는 지난 30년 동안 무엇을 한 것인가? 내 성실함은 왜 저 친구의 시스템을 이기지 못했는가?' 노동 소득만으로는 자본 소득의 속도를 절대 따라잡을 수 없다는 자본주의의 냉혹한 진실을 뼈저리게 깨달은 순간이었습니다.

그때 제 나이는 50세였습니다. 누군가는 "이제 와서 뭘 하겠어? 너무 늦었어."라며 포기할 나이였습니다. 하지만 저는 그 친구를 보며 희망을 봤습니다. 30년이 아니라, 단 10년이라도 복리 시스템 위에 저를 올려놓는다면 결과는 달라질 것이라는 확신이 들었습니다.

그길로 저는 투자를 공부하고, 저만의 '자동투자 시스템'을 만들었습니다. 목표는 거창하지 않았습니다. 대박을 좇거나 연 50% 수익을 노리지 않았습니다. 은행 이자보다는 높고, 내 돈을 갉아먹는 인플레이션(소비자 물가 상승률 2% 이상)을 이기는 수준, 딱 연 7%~10%의 수익률을 목표로 삼았습니다. 그리고 1년에 딱 두 번, 기계적으로 비율을 맞추는 리밸런싱을 시작했습니다.

그리고 5년이 지났습니다. 결과는 놀라웠습니다. 제가 잠든 사이에도, 휴가를 떠난 사이에도 제 자산은 스스로 굴러가며 불어났습니다. 특히 지난 2025년은 대한민국 코스피 시장이 (운이 좋게도) 폭등을 하면서 리밸런싱 한 모든 주식 ETF, 채권, 금, 은, 비트코인이 모두 우상향했고, 덕분에 ISA, IRP, 투자 계좌의 모든 지표가 40% 이상 증가하였습니다. (운이 좋게도 25년은 매우 좋은 수익률이었지만, 이 운도 결국 시장에 머무르면서 장기 복리 투자를 했기에 얻은 결과라고 보는 것이 좋을 것입니다.)

지금도 저는 매월 꾸준하게 분할매수를 하면서 리밸런싱을 하고 있습니다. 지난 5년간 팬데믹과 금리 인상이라는 거친 파도가 있었지만, 제 시스템은 흔들리지 않고 꾸준히 우상향했습니다. 50세에 시작한 늦깎이 투자였지만, 복리의 마법은 제 계좌를 극적으로 변화시켰습니다.

이 책은 제가 지난 5년간 몸소 체험하고 검증한 '직장인 생존 투자 기록'이자, 여러분에게 건네는 '실전 매뉴얼'입니다.

이 책은 여러분에게 어떤 종목을 사면 내일 상한가를 가는지 알려주지 않습니다. 이 책은 대박을 위한 책이 아닙니다. 대신 저는 여러분에게 이렇게 약속합니다.

1. 여러분의 본업을 방해하지 않을 것입니다. 하루 종일 차트를 들여다볼 필요가 없습니다. 1년에 단 두 번, 4월과 10월에만 계좌를 열어 보면 됩니다.

2. 마음 편한 투자를 하게 될 것입니다. 폭락장이 와도 두렵지 않습니다. 오히려 시스템이 알아서 헐값에 자산을 사들이는 기회가 됩니다.

3. 확실한 미래를 보기 될 것입니다. 막연한 불안감 대신, '10년 뒤 내 자산이 얼마가 될지'를 수학적으로 계산하고 준비할 수 있게 됩니다.

저는 지금 50대 중반이지만, 저의 투자는 이제 막 청년기에 접어들었습니다. 은퇴까지 남은 5년 그리고 백세 시대를 살 수밖에 없는 그 이후의 삶까지 제 자산은 멈추지 않고 성장할 것입니다.

혹시 여러분도 '지금 시작하기엔 너무 늦지 않았을까?'라고 고민하고 계신가요? 감히 말씀드리건대, 절대 늦지 않았습니다. 50세에 시작한 저도 해냈습니다. 여러분이 30대, 40대라면 저보다 훨씬 더 큰 부를 이룰 시간적 축복을 가지고 있는 셈입니다.

가장 좋은 투자 시점은 20년 전이었고, 두 번째로 좋은 시점은 바로 오늘입니다. 이제, 여러분의 소중한 월급이 '사라지는 돈'이 아니라 '불어나는 자본'이 되도록 만드는 그 위대한 여정을 함께 시작해 봅시다. 저보다 더 젊은 20대, 30대, 40대 여러분은 더 강력한 효과를 얻을 것이 자명하다고 확신합니다.

*2026년, 자본주의의 파도 위에서*

저자 **제이안** 드림

# 5장
# 리밸런싱 실행 매뉴얼

# 6장
# 실전 적용 시뮬레이션

# 7장
# 리스크 관리와 멘탈 시스템

# 8장
# 은퇴 자산 완성 로드맵(20년 플랜)

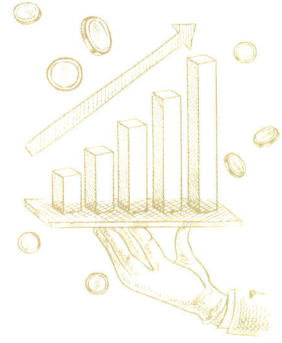

# 1장

# 투자의 전제

# 1. 자본주의의 대전제
## : 모든 자산은 우상향한다

"주식 시장은 인내심 없는 사람의 돈을 인내심 있는 사람에게 이동시키는
도구다."

— 워런 버핏

투자를 시작하려는 직장인의 발목을 잡는 가장 큰 두려움은 무엇
일까요? 바로 "내가 사면 떨어질 것 같다"는 공포입니다.

뉴스를 틀면 온통 경제 위기, 전쟁, 금리 인상 같은 불안한 소식뿐
입니다. 이런 세상에서 내 피 같은 돈을 어딘가에 묻어 둔다는 것은
마치 불속으로 뛰어드는 것처럼 위험해 보입니다.

하지만 우리가 투자를 하기로 마음먹었다면, 반드시 믿어야 할 단
하나의 진리가 있습니다. 그것은 종교적 믿음이 아니라, 지난 300년
자본주의 역사가 증명해 온 차가운 팩트(Fact)입니다.

바로 '자본주의 시스템이 붕괴하지 않는 한, 실물 자산의 가치는 우
상향한다'는 사실입니다.

### 자산이 오를 수밖에 없는 두 가지 엔진

자산 가격이 오르는 것은 누군가의 조작이나 거품 때문만이 아닙
니다. 자본주의라는 자동차를 움직이는 두 개의 거대한 엔진, 즉 인

나는 50살에 진짜 투자를 시작했다

플레이션(Inflation)과 혁신(Innovation)이 멈추지 않고 돌아가기 때문입니다.

## 첫 번째 엔진: 돈의 가치는 끊임없이 추락한다(인플레이션)

우리가 흔히 "아파트값이 올랐다", "주식이 올랐다"라고 말하지만, 엄밀히 말하면 틀린 표현입니다. 아파트와 주식의 가치는 그대로인데, 그것을 교환하는 '화폐(종이돈)'의 가치가 쓰레기가 되어 가고 있는 것입니다.

정부와 중앙은행은 경제 위기가 올 때마다 그리고 경기를 부양하기 위해 끊임없이 돈을 찍어 냅니다. 1971년 닉슨 대통령이 금본위제를 폐지한 이후, 달러를 비롯한 전 세계의 화폐는 실물 담보가 없는 종이 쪼가리에 불과해졌습니다. 돈의 양이 많아지면 돈의 가치는 떨어집니다. 이것이 인플레이션입니다.

[표 1-1] 50년 전과 현재의 물가 비교(화폐 가치 하락의 증거)

| 품목 | 1970년대 가격 | 2024년 가격 | 상승률(배수) |
|---|---|---|---|
| 서울 시내버스 요금 | 10원 | 1,500원 | 150배 |
| 짜장면 한 그릇 | 100원 | 7,000~8,000원 | 70~80배 |
| 강남 아파트(30평형) | 약 500만 원 | 약 25~30억 원 | 500~600배 |

짜장면의 맛이 70배 좋아진 것이 아닙니다. 돈의 가치가 1/70로 토막 난 것입니다. 자산 투자는 돈을 불리는 공격적인 행위가 아니라, 녹아내리는 화폐 가치로부터 내 구매력을 지키기 위한 필사적인 방어 행위입니다.

### 두 번째 엔진: 기업은 생존을 위해 성장한다(혁신)

인플레이션이 자산 가격의 바닥을 밀어 올린다면, 혁신은 자산 가격의 천장을 뚫어 줍니다.

자본주의 사회의 기업(Corporation)은 살아 있는 생물과 같습니다. 이들은 생존하고 번영하기 위해 끊임없이 생산성을 높이고, 신기술을 개발합니다.

- 19세기의 철도 기업
- 20세기의 자동차와 석유 기업
- 21세기의 인터넷과 스마트폰 기업
- 그리고 다가오는 AI(인공지능) 기업

나는 50살에 진짜 투자를 시작했다

기술이 발전할 때마다 인류의 생산성은 폭발적으로 증가했습니다. 우리가 시장 전체(지수)에 투자한다는 것은, 이 세상에서 가장 똑똑하고 탐욕적이며 성실한 인재들이 밤낮없이 일해서 만든 부가 가치를 공유한다는 뜻입니다. 구글, 애플, 삼성전자의 임직원들이 멈추지 않는 한, 자본주의의 총생산량(GDP)과 자산 가치는 계속 커질 수밖에 없습니다.

## 100년의 데이터가 증명하는 '우상향의 역사'

"그래도 경제 위기가 오면 다 망하는 거 아닙니까?"

이런 의문에 답하기 위해 가장 객관적인 데이터인 미국 S&P 500 지수의 100년 역사를 살펴보겠습니다.

지난 100년간, 인류는 수많은 재앙을 겪었습니다.

1929년 대공황으로 거리가 실업자로 뒤덮였고, 제2차 세계대전으로 전 세계가 불탔습니다. 1970년대 오일쇼크로 물가가 미친 듯이 치솟았고, 2000년 닷컴 버블, 2008년 금융 위기, 2020년 팬데믹까지, 세상이 망할 것 같았던 순간은 수도 없이 많았습니다.

하지만 결과는 어땠을까요?

[표 1-1] 자본주의의 역사: S&P 500 100년 로그 차트(1928~2025)

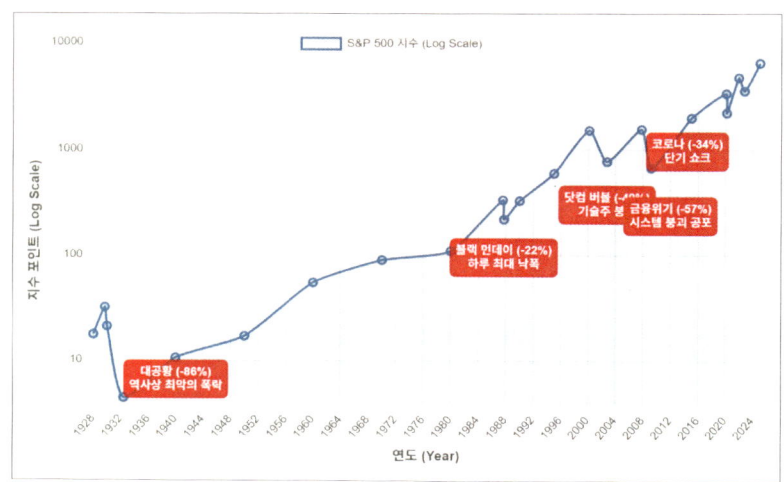

※ 로그 스케일(Log Scale)로 보면, 수많은 폭락장에도 불구하고 시장은 거대한 우상향 직선을
  그려 왔음을 알 수 있습니다.

(출처: Yahoo Finance Historical Data, Macrotrends. 저자가 파이선 프로그램으로 한국
어 차트로 재구성함)

위 그래프는 S&P 500 지수의 로그 차트입니다. 중간중간 깊은 계
곡(폭락)이 보이지만, 멀리서 보면 그저 오른쪽 위를 향해(우상향) 뻗어
가는 하나의 직선일 뿐입니다.

S&P 500 지수의 장기 우상향을 가장 극적으로 보여 주는 로그 차
트(Log Scale Chart)는 일반적인 선형 차트와 달리, 복리 성장(%)을 시
각적으로 왜곡 없이 보여 주기 때문에 장기 투자에서 왜 '존버(Staying
Invested)'가 승리하는지를 설명하는 최고의 자료입니다.

위의 차트는 일반 차트와 달리 Y축(가격)이 10, 100, 1,000, 10,000
으로 증가하는 로그 스케일(Logarithmic Scale)로 그려졌습니다.

나는 50살에 진짜 투자를 시작했다

- **직선의 의미**: 로그 차트에서 우상향하는 직선은 '일정한 비율(%)로 꾸 준히 성장함'을 의미합니다. S&P 500은 지난 100년간 연평균 약 10% 의 속도로 복리 성장해 왔음을 한눈에 알 수 있습니다.
- **위기의 왜곡 보정**: 일반 차트로 보면 최근의 상승 폭만 거대하게 보이 고, 과거 대공황은 아주 작게 보입니다. 하지만 로그 차트는 1929년 대 공황(-86%)의 충격이 얼마나 컸는지 그리고 2008년 금융 위기(-57%)가 전체 역사에서 보던 잠시 지나가는 '계곡'에 불과했는지를 객관적으로 보여 줍니다.
- **결론**: 붉은색으로 표시된 수많은 폭락장에도 불구하고, 그래프의 끝은 항상 전고점을 뚫고 올라가 있습니다. 이것이 바로 '자본주의는 우상향 한다'는 시각적 증거입니다.

[표 1-2] 역사적 대폭락과 이후의 회복(S&P 500)

| 위기 사건<br>(발생 연도) | 당시 최대 하락폭<br>(MDD) | 회복 및 결과 |
|---|---|---|
| 대공황(1929) | -86.2% | 시장이 사라질 뻔했으나, 이후 20년 간 연평균 14% 상승 |
| 블랙 먼데이(1987) | -22.6%(단 하루) | 2년 내 전고점 회복, 이후 1990년대 대호황 진입 |
| 닷컴 버블(2000) | -49.1% | 기술주 옥석 가리기가 끝난 후 구글, 아마존 등 거대 기업 탄생 |
| 글로벌 금융 위기(2008) | -56.8% | 자본주의 붕괴 공포. 이후 2009~ 2019년 역사상 최장기 강세장 |
| 코로나19 팬데믹(2020) | -33.9% | 불과 6개월 만에 전고점 돌파 및 신 고가 갱신 |

만약 당신이 1945년, 제2차 세계대전이 끝난 직후 미국 주식 시장에 100달러를 투자하고 수면제를 먹고 잠들었다고 가정해 봅시다. 2024년 깨어난 당신의 통장에는 배당 재투자를 포함해 약 62만 달러(약 8억 원)가 찍혀 있을 것입니다.

전쟁도, 공황도, 전염병도 자산의 우상향을 막지는 못했습니다. 자본주의는 문제를 해결하며 성장하는 시스템이기 때문입니다.


## 개별 종목은 망해도 '시장'은 망하지 않는다

여기서 중요한 주의점이 하나 있습니다. '모든 자산이 우상향한다'는 말은 '삼성전자가 영원히 오른다'거나 '내 아파트가 무조건 오른다'는 뜻이 아닙니다. 개별 기업은 경영 실패로 상장 폐지 될 수 있고, 특정 지역의 부동산은 인구 감소로 빈집이 될 수 있습니다.

우리가 믿는 '우상향'은 개별 점(Point)이 아니라 전체 선(Line)입니다.

S&P 500 지수나 코스피 200 지수 같은 인덱스(Index)는 성과가 나쁜 기업을 자동으로 퇴출시키고, 새롭게 성장하는 기업을 편입합니다.

- 100년 전 미국의 시가총액 상위 기업은 철도 회사와 철강 회사였습니다.
- 50년 전에는 자동차와 석유 회사였습니다.
- 지금은 소프트웨어와 반도체 회사입니다.

시대의 주인공은 바뀌었지만, '미국 대표 기업 500개 묶음(S&P 500)'이라는 지수는 100년 전보다 수천 배 올랐습니다. 이것이 우리가 개별 종목에 목숨을 걸기보다, 시장 전체를 사는 ETF와 자산 배분에 집중해야 하는 이유입니다.

　시장을 사면, 당신은 자본주의 그 자체에 투자하는 것입니다. 그리고 자본주의가 망하지 않는 한, 당신의 자산은 반드시 우상향합니다.

### 핵심 요약

1. 화폐 가치 하락(인플레이션)은 자산 가격 상승의 기본 엔진이다. 현금만 들고 있는 것은 매년 확정 손실을 보는 것과 같다.

2. 기업의 혁신은 부가 가치를 창출하며 자산 가치의 천장을 뚫어준다.

3. 지난 100년간 수많은 위기가 있었지만, S&P 500 지수는 모든 위기를 극복하고 우상향했다.

4. 개별 종목은 망할 수 있지만, 자정 작용을 하는 시장 지수(Index)는 망하지 않는다. 이것기 자산 배분의 출발점이다.

# 2. 인플레이션·혁신이 자산 가치의 근원

"인플레이션은 합법적인 위조 지폐와 같다. 그것은 보이지 않는 세금이며,
현금을 쥔 자들의 부를 자산을 가진 자들에게로 이전시킨다."

— 대니얼 웹스터

우리는 앞서 자본주의의 역사가 '우상향'임을 확인했습니다. 그렇다면 도대체 어떤 힘이 이 거대한 자산 가격을 끊임없이 밀어 올리는 걸까요? 누군가 인위적으로 조작하는 걸까요?

비밀은 두 가지 엔진에 있습니다. 하나는 아래에서 자산 가격을 강제로 떠받치는 '인플레이션(화폐 가치 하락)'이고, 다른 하나는 위에서 자산 가치를 끌어당기는 '혁신(생산성 향상)'입니다. 이 두 엔진이 멈추지 않는 한, 투자는 선택이 아니라 생존을 위한 필수 조건입니다.

## 첫 번째 엔진: 당신의 돈은 매일 증발하고 있다(인플레이션)

많은 직장인이 '원금 보장'에 집착합니다. 피땀 흘려 번 돈을 잃고 싶지 않은 마음은 당연합니다. 그래서 주식이나 부동산은 위험하다고 생각하고, 은행 예금에 돈을 넣어 둡니다. 하지만 경제학적 관점에서 보면, 예금이야말로 '확정적으로 손실을 보는' 가장 위험한 투자

나는 50살에 진짜 투자를 시작했다

일 수 있습니다.

## 1971년, 돈의 성격이 바뀌다

1971년 8월 15일, 미국의 닉슨 대통령은 금본위제 폐지를 선언합니다. 이전까지 달러는 금(Gold)이라는 실물 자산과 교환 가능한 '태환 화폐'였지만, 이날 이후 달러는 정부의 신용으로만 유지되는 '불환 화폐(Fiat Money)'가 되었습니다.

이때부터 고삐 풀린 망아지처럼 돈이 풀리기 시작했습니다. 정부는 경기를 부양하거나 빚을 갚기 위해 윤전기를 돌려 화폐를 찍어 냅니다. 돈의 양(유동성)이 많아지면 돈의 가치는 떨어집니다. 이것이 인플레이션의 본질입니다. 물가가 오르는 것이 아니라, 돈이 쓰레기가 되어 가는 과정입니다.

## 짜장면과 버스 요금으로 보는 진실

한국의 사례를 볼까요? 1970년대부터 2024년까지 우리 생활 물가가 어떻게 변했는지 비교해 보면 충격적입니다.

[표 2-1] 지난 50년간 대한민국 주요 물가 변화(화폐 가치 하락의 증거)

| 품목 | 1970년대 가격 | 2024년 가격 | 상승 배수 (Nominal Rise) |
|---|---|---|---|
| 서울 시내버스 요금 | 10원 | 1,500원 | 150배 |
| 지하철 기본 요금 | 30원 | 1,400원 | 46배 |
| 짜장면 한 그릇 | 100원 | 7,000~8,000원 | 70~80배 |
| 새우깡 한 봉지 | 50원 | 1,500원 | 30배 |
| 강남 아파트 (은마 31평) | 약 2,000만 원 (1970년대 후반) | 약 24~27억 원 | 120배 이상 |

짜장면의 맛이 50년 전보다 70배 더 훌륭해졌을까요? 버스의 서비스가 150배 더 좋아졌을까요? 아닙니다. 재화의 가치는 그대로인데, 그것을 교환하는 화폐(원화)의 구매력이 1/70, 1/150로 쪼그라든 것입니다.

만약 당신의 할아버지가 1970년에 "내 손주를 위해 안전하게 돈을 물려줘야지."라며 현금 100만 원을 장롱 깊숙이 넣어 뒀다고 가정해 봅시다. 당시 100만 원은 서울 마포구의 집 한 채를 살 수 있는 거금이었습니다. 하지만 2024년, 손주인 당신이 그 돈을 꺼낸다면? 최신 스마트폰 하나 사기에도 빠듯한 푼돈이 되어 있습니다. 현금은 안전 자산이 아니라, 시간이 지날수록 녹아 없어지는 얼음입니다.

### 자산 투자는 '방어'다

따라서 우리가 부동산을 사고 주식(S&P 500)을 사는 행위는, 돈을 불리려는 탐욕 이전에 내 노동의 가치를 보존하려는 처절한 방어 행위입니다.

실물 자산(Real Asset)은 인플레이션을 방어합니다. 돈이 많이 풀려 화폐 가치가 떨어지면, 상대적으로 실물 자산인 아파트와 기업의 지분(주식) 가격은 올라갑니다. 이것이 자본주의에서 현금만 들고 있는 사람이 가장 빨리 가난해지는 이유입니다(벼락 거지).

### 두 번째 엔진: 파이의 크기를 키우는 힘(혁신)

인플레이션이 자산 가격을 '밀어 올리는(Push)' 힘이라면, 혁신

(Innovation)은 자산 가치를 '끌어당기는(Pull)' 힘입니다. 인플레이션이 방어적 투자라면, 혁신은 공격적 투자의 근거가 됩니다.

## 제로섬 게임이 아니다

많은 사람이 경제를 '제로섬 게임(Zero-sum Game)'으로 착각합니다. 누군가 돈을 벌면 누군가는 잃어야 한다고 생각합니다. 하지만 자본주의는 '포지티브섬(Positive-sum) 게임'입니다. 파이를 나눠 먹는 게 아니라, 파이 자체를 굽는 기술을 발전시켜 파이를 엄청나게 키워 왔기 때문입니다.

그 원동력은 바로 기업의 혁신입니다.

- 제1차 산업혁명(증기기관): 인간의 근력을 기계가 대체하며 생산성 폭발
- 제2차 산업혁명(전기/대량 생산): 밤에도 공장을 돌리며 물자가 넘쳐남
- 제3차 산업혁명(인터넷): 전 세계가 연결되며 정보 비용이 0에 수렴
- 제4차 산업혁명(AI/로봇): 인간의 지능을 기계가 확장하는 단계

기술이 발전할 때마다 인류가 만들어 내는 부가 가치(GDP)는 기하급수적으로 늘어났습니다.

## 시가총액 상위 기업의 변화(The Great Rotation)

미국 주식 시장의 시가총액 상위 10개 기업의 변천사를 보면 혁신의 흐름이 명확히 보입니다.

[표 2-2] 시대별 미국 시가총액 1위 기업의 변화

| 시기 | 주도 산업 | 대표 기업 | 혁신의 본질 |
|---|---|---|---|
| 1900년대 | 철도, 철강 | US Steel | 인프라 구축(물리적 연결) |
| 1950년대 | 자동차, 석유 | GM, Exxon Mobil | 에너지와 이동의 혁명 |
| 1980년대 | 제조, 하드웨어 | IBM, GE | 전자 기기와 대량 생산 |
| 2000년대 | 소프트웨어, 인터넷 | Microsoft, Cisco | 정보의 디지털화 |
| 2020년대 | 모바일, AI | Apple, NVIDIA, Microsoft | 지능의 확장과 플랫폼 |

과거의 1등 기업이 도태되고, 새로운 혁신 기업이 그 자리를 차지합니다. 이것을 조셉 슘페터는 '창조적 파괴(Creative Destruction)'라고 불렀습니다.

중요한 점은, 새로운 1등이 나타날 때마다 전체 시장의 크기(Total Market Cap)는 이전보다 훨씬 커진다는 것입니다.

## 주식은 인플레이션과 혁신을 모두 먹는다

여기서 주식 투자의 위대함이 드러납니다.

- 금(Gold)은 인플레이션을 방어하지만, 스스로 혁신해서 새끼를 치지는 않습니다(가치 보존).
- 채권(Bond)은 이자를 주지만, 혁신에 따른 대박 성장은 없습니다.
- 주식(Stock)은 다릅니다. 기업은 물가가 오르면 제품 가격을 올려 인플레이션을 방어하고(가격 전가력), 신기술을 개발해 매출을 폭발적으로 늘립니다(혁신).

즉, 주식은 '인플레이션 방어+혁신 성장'이라는 두 마리 토끼를 다 잡는 유일한 자산군입니다. 우리가 S&P 500이나 나스닥 지수에 투자한다는 것은 지금 이 순간에도 차고에서, 연구소에서 세상을 바꿀 기술을 개발 중인 천재들의 미래 가치에 숟가락을 얹는 것과 같습니다.

### ⚒ 핵심 요약: 왜 자산 가치는 오르는가?

1. 화폐적 요인(Push): 정부는 빚을 갚고 경기를 부양하기 위해 돈을 계속 찍어낸다. 돈의 가치가 하락하므로 실물 자산(부동산, 주식)의 가격은 명목상으로라도 계속 오른다. (안 사면 손해)

2. 실물적 요인(Pull): 기업은 생존 경쟁 속에서 기술을 혁신하고 생산성을 높인다. 이는 인류 전체의 부(Pie)를 키우며 자산의 실질 가치를 높인다. (사면 이득)

3. 결론: 인플레이션이라는 파도와 혁신이라는 바람이 동시에 불고 있다. 이 흐름에 올라타지 않고 현금만 붙들고 있는 것은, 닻을 내린 채 침몰하는 배에 앉아 있는 것과 같다.

# 3. 마켓 타이밍은 불가능하다
## : 신의 영역에 도전하지 마라

"시장의 조정을 피하려고 애쓰다가 잃은 돈이, 실제 조정 그 자체로 인해
잃은 돈보다 훨씬 많다."

— 피터 린치(Peter Lynch)

자산이 우상향한다는 것을 알았다면, 이제 우리 내면의 악마가 속
삭이기 시작합니다.

"그럼 쌀 때 사서 비쌀 때 팔면(Buy Low, Sell High) 수익을 극대화할
수 있지 않을까?"

이른바 '마켓 타이밍(Market Timing)'입니다. 이론적으로는 완벽해
보입니다. 폭락 직전에 현금화하고, 바닥을 칠 때 다시 주식을 산다
면 워런 버핏보다 더 빨리 부자가 될 수 있을 것입니다. 하지만 이 챕
터에서 우리는 차가운 데이터와 마주해야 합니다. 마켓 타이밍은 불
가능할 뿐만 아니라, 당신의 계좌를 망가뜨리는 가장 확실한 지름길
입니다.

### 최고의 날들을 놓치는 비용(The Cost of Missing Out)

마켓 타이밍이 실패하는 결정적인 이유는 '시장의 급등은 번개처럼

순식간에 일어나기 때문'입니다.

　JP모건 자산운용의 유명한 보고서인 「Guide to the Markets」는 지난 20년간(2004~2023) S&P 500 시장에 계속 머물러 있었던 사람과 타이밍을 재다가 '가장 좋았던 날'을 놓친 사람의 수익률을 비교했습니다.

[표 3-1] 최고의 날들을 놓쳤을 때의 연평균 수익률(2004~2023)

| 투자 방식 | 연평균 수익률 | 1만 달러 투자 시 결과 | 비고 |
| --- | --- | --- | --- |
| 계속 보유(Fully Invested) | 9.8% | $64,844 | 시장에 계속 머무름 |
| 최고의 10일 놓침 | 5.6% | $29,708 | 수익률 절반으로 급락 |
| 최고의 20일 놓침 | 2.9% | $17,715 | 예금 수준으로 추락 |
| 최고의 30일 놓침 | -0.4% | $9,228 | 원금 손실 |

　지난 20년(약 5,000 거래일) 중, 단 10일을 놓쳤을 뿐인데 최종 자산은 절반 이하로 줄어들었습니다. 더 충격적인 것은 최고의 30일을 놓치면 20년 투자가 원금 손실로 끝난다는 사실입니다.

　왜 이런 일이 벌어질까요? 통계적으로 '최고의 날(Best Days)'은 '최악의 날(Worst Days)' 직후에 찾아오기 때문입니다.

　2008년 금융 위기나 2020년 코로나19 팬데믹 당시, 시장이 하루에 -5%, -10%씩 폭락하며 공포가 극에 달했을 때, 많은 투자자가 주식을 팔고 도망쳤습니다. 하지만 바로 그다음 날이나 며칠 뒤, 시장은 +6%, +9%씩 폭등하며 반등했습니다.

　공포에 질려 시장을 떠난 투자자들은 이 급반등(Lightning)을 고스

란히 놓쳤고, 결국 시장 수익률을 따라가지 못했습니다.


## '행동 격차'의 진실: 개인 투자자는 왜 가난한가?


우리는 시장이 연평균 10%씩 성장한다고 믿고 투자에 뛰어듭니다. 하지만 실제로 30년 뒤 계좌를 열어 보면, 대다수 개인 투자자의 성적표는 시장 평균 수익률의 절반에도 미치지 못하는 경우가 허다합니다.

미국의 금융 시장 조사 기관인 DALBAR가 매년 발표하는 「투자자 행동 정량 분석(QAIB)」 보고서는 이 불편한 진실을 적나라하게 보여줍니다. 지난 30년간의 데이터를 분석한 결과, 시장(S&P 500 지수)은 꾸준히 우상향하며 준수한 수익률을 기록했지만, 같은 기간 주식형 펀드에 투자한 개인들의 실제 수익률은 시장 지수 상승 폭에 한참 뒤처졌습니다.

특히 채권 투자자의 경우 격차는 더 심각했습니다. 채권 시장 지수 자체는 안정적인 수익을 냈음에도 불구하고, 개인 투자자들은 잦은 매매와 잘못된 타이밍 포착으로 인해 물가 상승률조차 방어하지 못한 실질적 마이너스 성과를 기록하기도 했습니다.

왜 이런 '수익률 격차(Performance Gap)'가 발생할까요?

이유는 펀드나 주식 종목의 문제가 아닙니다. 바로 투자자의 심리 때문입니다.


- 공포에 매도(Panic Selling): 시장이 하락하면 공포를 이기지 못하고 바

닥권에서 주식을 픕니다.

- 탐욕에 매수(FOMO Buying): 시장이 이미 많이 오른 뒤에야 '나만 뒤처질 수 없다'며 고점에서 추격 매수 합니다.
- 잦은 갈아타기: 한 전략을 진득하게 유지하지 못하고, 유행하는 테마를 쫓아다니며 거래 비용만 늘립니다.

결국 시장은 돈을 벌어다 주려 했으나, 투자자 스스로가 '감정적인 매매'로 그 기회를 걷어차 버린 셈입니다. 이 통계는 우리에게 명확한 교훈을 줍니다. '가만히 시장에 머무르는 것이, 열심히 사고파는 것보다 훨씬 낫다'는 사실입니다.

개인 투자자들은 뉴스를 보고 시장이 고점일 때 흥분해서 들어오고(Greed), 시장이 폭락하면 무서워서 바닥에서 팝니다(Fear).

월가의 영웅 피터 린치가 운용한 '마젤란 펀드'는 연평균 29%라는 경이로운 수익률을 기록했습니다. 하지만 놀랍게도 해당 펀드에 투자한 개인 투자자의 절반 이상은 손실을 봤다고 합니다. 펀드 수익률이 좋을 때 들어왔다가, 수익률이 떨어지면 팔고 나갔기 때문입니다.

문제는 펀드나 시장이 아닙니다. 타이밍을 맞추려는 우리의 '본능'이 문제입니다.

## 완벽한 타이밍 vs 멍청한 꾸준함

'그래도 나는 타이밍을 잘 맞출 수 있어'라고 생각하시나요? 찰스 슈왑(Charles Schwab)의 흥미로운 연구 결과를 소개합니다.

이 연구는 1993년부터 2012년까지 20년간 매년 2,000달러를 투자한 5명의 가상 인물을 추적했습니다.

- 피터 퍼펙트(완벽한 타이밍): 매년 주가가 가장 싼 날(최저점)에만 샀다. (신의 영역)
- 애슐리 액션(즉시 투자): 매년 첫 거래일에 무조건 샀다.
- 매튜(매트리스): 매년 주가가 가장 비싼 날(최고점)에만 샀다. (최악의 운)
- 래리(게으름): 현금(국채)만 들고 있었다.

[표 3-2] 20년 후 자산 순위 비교(완벽한 타이밍 vs 즉시 투자)

| 순위 | 투자자 유형 | 최종 자산 | 비고 |
|---|---|---|---|
| 1위 | 완벽한 타이밍(신의 영역) | $87,004 | 불가능한 시나리오 |
| 2위 | 즉시 투자(기계적 매수) | $81,650 | 1위와 큰 차이 없음 |
| 3위 | 최악의 타이밍(매번 고점) | $72,487 | 그래도 예금보다 나음 |
| 4위 | 현금 보유(타이밍 재느라 미룸) | $51,291 | 최악의 결과 |

놀라운 점은, 신의 능력을 가진 '완벽한 타이밍' 투자자와 아무 생각 없이 매년 초에 산 '즉시 투자자'의 수익금 차이가 불과 6~7%밖에 나지 않는다는 것입니다.

반면, 타이밍을 재느라 투자를 미루고 현금만 들고 있던 사람은 주가가 가장 비싼 날에 산 사람보다도 훨씬 가난해졌습니다.

이 연구가 주는 교훈은 명확합니다. '완벽한 타이밍을 잡으려 노력하는 것보다, 지금 당장 시장에 들어와 머무르는 것(Time in the Market)'이 훨씬 중요합니다.


## 액티브 펀드의 몰락: 전문가도 못 한다

마지막으로, 하루 종일 차트만 보고 기업을 탐방하는 펀드 매니저들의 성적표를 다시 한번 상기합시다. S&P Dow Jones Indices의 SPIVA 리포트에 따르면, 지난 15년간 미국 대형주 펀드의 88%가 시장 지수(S&P 500)를 이기지 못했습니다.

수억 원의 연봉을 받는 전문가 집단도 타이밍 매매와 종목 선정으로 시장을 이기지 못하는데, 직장인인 우리가 퇴근 후 30분 공부해서 이길 수 있을까요? 그것은 오만입니다.

결론적으로, 예측의 영역에서 대응의 영역으로 마켓 타이밍은 불가능합니다. 이것을 인정하는 순간 마음이 편해집니다.

- 우리는 바닥을 잡으려 애쓸 필요가 없습니다.
- 우리는 폭락 직전에 탈출하려 뉴스를 새로 고침 할 필요가 없습니다.

대신 우리는 '자산 배분'이라는 대응책을 씁니다. 비가 올지 안 올지 예측하는 대신, 맑은 날에도 흐린 날에도 견딜 수 있는 튼튼한 집을 짓는 것입니다.

이제 그 집의 설계도인, 2장 「기본 구조: 자산 배분과 리밸런싱」에 대해 알아보겠습니다.

# 2장

# 기본 구조
## : 자산 배분과 리밸런싱

# 1. 10~4월 상승기
## / 5~9월 조정기 통계 근거

### 주식 시장에도 '농번기'와 '휴식기'가 있다: 통계적 계절성

"월가에는 오래된 격언이 있다. '5월에 팔고 떠나라(Sell in May and Go Away)'.

이것은 미신이 아니다. 지난 70년의 데이터가 입증한 가장 확률 높은 통계다."

농부가 한겨울에 씨를 뿌리지 않고, 한여름 태풍이 올 때 수확하지 않듯, 투자에도 때가 있습니다. 우리는 주식 시장이 1년 365일 무작위로 움직인다고 생각하지만, 데이터를 뜯어 보면 놀랍도록 뚜렷한 계절성(Seasonality)을 발견할 수 있습니다.

이 시스템이 '10월 매수, 4월 리밸런싱(비중 축소)'을 원칙으로 삼는 이유는 단순합니다. 그 기간이 통계적으로 돈을 벌 확률이 압도적으로 높았기 때문입니다.

### 핼러윈의 마법: 11월부터 4월까지(The Best Six Months)

금융 학계에서는 이를 '핼러윈 지표(Halloween Indicator)'라고 부릅니다. 매년 10월 31일 핼러윈데이가 지나면 주식을 사고, 이듬해 5월이 되면 주식을 파는 전략이 시장 평균을 훨씬 상회한다는 이론입니다.

**미국 시장(S&P 500)의 반세 기간 검증**: 미국 주식 시장의 지난 70여 년(1950~2023) 데이터를 분석해 보면, 1년은 명확하게 '돈을 버는 시기'와 '버티는 시기'로 나뉩니다.

- 최고의 6개월(11월~4월): 연말 소비 시즌, 기업 실적 확정, 새해 기대감(1월 효과) 등이 맞물리며 주가가 강하게 상승합니다.
- 최악의 6개월(5월~'0월): 여름 휴가철 거래량 감소, 3분기 실적 불확실성 등으로 주가가 횡보하거나 하락하는 경우가 많습니다.

[표 2-1] S&P 500 기간별 평균 수익률 비교(1950~2023)

| 구분 | 기간 | 평균 수익률 | 특징 |
|---|---|---|---|
| 상승기<br>(Winter) | 11월~4월 | +7.0% | 안정적인 우상향 |
| 조정기<br>(Summer) | 5월~1C월 | +1.5% | 높은 변동성, 잦은 폭락 |
| 격차 | - | 4.6배 차이 | 같은 6개월이지만 성과는 딴판 |

(출처: Stock Trader's Almanac 데이터 재구성)

놀랍게도 1950년 이후 S&P 500 지수가 올린 수익의 대부분은 '겨울(11월~4월)'에 발생했습니다. 여름 기간(5월~10월)의 수익률은 은행 이자만도 못한 수준이었습니다.

특히 1987년 블랙 먼데이, 2008년 리먼 브라더스 파산(9월), 2022년 인플레이션 쇼크 등 역사적인 대폭락은 대부분 '5월~10월' 사이에 일어났습니다.

## 한국 시장(KOSPI)은 더 극단적이다

"미국만 그런 거 아닙니까?"라고 묻는다면, 한국 시장은 이 계절성이 더 잔인하게 적용된다고 답하겠습니다. 수출 중심 국가인 한국은 글로벌 경기에 민감하기 때문에, 외국인 투자자들이 휴가를 떠나거나 포트폴리오를 조정하는 여름철에 수급 공백이 자주 발생합니다.

**KOSPI의 '마의 9월'**: 지난 2000년부터 2024년까지 KOSPI 월별 평균 수익률을 분석하면 충격적인 패턴이 보입니다.

- 11월~1월: 소위 '산타 랠리(Santa Rally)'가 나타나며 배당 기대감과 함께 상승합니다.
- 8월~9월: 1년 중 가장 수익률이 저조합니다. 특히 9월은 '마의 9월'이라 불릴 정도로 하락 확률이 높습니다.

[표 2-2] KOSPI 월별 상승 확률 및 평균 수익률(2000~2023)

| 월<br>(Month) | 평균 수익률 | 상승 확률(Win Rate) | 비고 |
|---|---|---|---|
| 11월 | +2.8% | 70% | 전통적 강세장 (연말 랠리) |
| 12월 | +1.5% | 60% | 배당 투자 유입 |
| 1월 | +1.2% | 55% | 1월 효과 |
| … | … | … | … |
| 5월 | -0.2% | 45% | 'Sell in May' 시작 |
| 8월 | -1.1% | 40% | 여름 거래량 감소 |
| 9월 | -2.3% | 35% | 추석 연휴 및 수급 불안 |

한국 시장에서 5월부터 10월까지 주식을 꽉 붙들고 있는 것은, 통계적으로 '이길 확률이 40%도 안 되는 게임'에 돈을 걸고 있는 것과 같습니다. 반면, 11월부터 4월까지는 눈 감고 투자해도 절반 이상은 성공하는 시기입니다.

### 왜 이런 현상이 반복될까?(Behavioral Finance)

단순한 우연일까요? 아닙니다. 여기에는 시장 참여자들의 '자금 흐름(Flow)'과 '심리(Sentiment)'가 반영되어 있습니다.

- 기관의 연말 윈도우 드레싱(Window Dressing): 펀드 매니저들은 연말 성과를 좋게 보이게 하기 위해 4분기(10~12월)에 주가를 관리하거나 우량주를 매수하는 경향이 있습니다. 이는 주가 상승의 동력이 됩니다.
- 새해 낙관론(New Year Optimism): '새해에는 좋아지겠지'라는 막연한 기대감과 연초 자금 집행이 맞물려 1월 효과를 만듭니다.
- 여름 휴가와 거래량 실종: 6월~8월은 월가의 메이저 투자자들과 유럽의 기관들이 긴 여름 휴가를 떠납니다. 거래량이 줄어들면 작은 악재에도 주가는 크게 출렁거립니다(변동성 확대).
- 3분기 어닝 시즌의 불확실성: 10월은 기업들의 3분기 실적이 발표되고, 연간 가이던스(전망)가 수정되는 시기입니다. 실망 매물이 쏟아지며 바닥을 다지는 경우가 많습니다.

### 결론: 확률 높은 곳에 그물을 던져라

우리는 직장인입니다. 하루 종일 차트를 보며 세력과 싸울 수 없습니다. 그렇다면 우리가 이길 수 있는 유일한 방법은 '확률이 높은 시기를 선점하는 것입니다.

- 10월 말(10/21): 시장이 여름 내내 조정을 받고 바닥을 다질 때, 남들이 공포에 질려 있을 때 우리는 진입합니다. (농사 시작)
- 4월 말(4/21): 시장이 반년 동안 따뜻하게 상승하여 모두가 환호할 때, 우리는 차분하게 수익을 실현하고 비중을 줄입니다. (수확 및 휴식 대비)

이 단순한 '반기별 사이클'만 지켜도, 당신은 시장의 불필요한 폭락 (여름~가을 조정장)을 피하고, 가장 달콤한 상승(겨울~봄 랠리)만을 취할 수 있습니다. 이것이 우리 시스템의 첫 번째 통계적 기둥입니다.

## 2. 반기별 리밸런싱 원칙
### : 공포에 사고 환희에 파는 자동 장치

"대부분의 투자자는 주가가 오르면 흥분해서 더 사고, 주가가 떨어지면 무서워서 판다. 리밸런싱은 이 본능을 정반대로 뒤집어, 수익을 극대화하는 유일한 공짜 점심이다."

우리는 앞서 4월과 10월에 계좌를 열어 봐야 한다는 것을 알았습니다. 그렇다면 계좌를 열어서 무엇을 해야 할까요? 바로 '리밸런싱(Rebalancing)'입니다.

리밸런싱이란 '변동된 자산 비중을 원래 목표 비중으로 되돌리는 행위'를 말합니다. 단순해 보이지만, 이 행위 안에는 월가의 천재들도 따라 하기 힘든 고도의 투자 철학이 담겨 있습니다.

**방치된 계좌의 위험성: 포트폴리오 드리프트(Portfolio Drift)**

처음에 '주식 50% = 채권 50%'의 비율로 투자를 시작했다고 가정해 봅시다.

주식 시장이 1년 동안 50% 폭등했습니다. 반면 채권은 제자리걸음을 했습니다. 이제 당신의 계좌는 주식 비중이 60~70%로 크게 늘어난 상태가 됩니다.

이것을 '포트폴리오 표류(Drift)'라고 부릅니다.

겉보기에는 자산이 불어나서 좋아 보입니다. 하지만 실상은 당신의 포트폴리오가 '중위험' 상태에서 '고위험' 상태로 변질된 것입니다. 주식 비중이 커진 상태에서 갑자기 금융 위기가 닥친다면? 당신은 예상보다 훨씬 큰 타격을 입게 됩니다.

[표 2-3] 리밸런싱을 안 했을 때의 위험성(뱅가드 연구)

(초기 60/40 포트폴리오가 10년 뒤 어떻게 변하는가)

| 구분 | 초기 비중 | 10년 후 비중(방치 시) | 위험도 변화 |
|---|---|---|---|
| 주식(위험자산) | 60% | 약 80% | 급증(변동성 확대) |
| 채권(안전자산) | 40% | 약 20% | 감소(방어력 상실) |

리밸런싱을 하지 않은 계좌는 마치 브레이크가 고장 난 스포츠카와 같습니다. 속도는 빠를지 몰라도, 코너(하락장)를 만나는 순간 전복될 위험이 큽니다.


## 리밸런싱의 마법: 기계적 고점 매도, 저점 매수

리밸런싱은 단순히 비율을 맞추는 것이 아닙니다. 그것은 인간의 본능을 거스르는 '강제 수익 실현 시스템'입니다.

### 상황 A. 주식이 급등했을 때(4월 리밸런싱)

- 상황: 주식이 올라서 비중이 60%가 됨. (목표는 50%)

- 행동: 주식 10%틀 팝니다. (비싸진 자산을 매도 = 수익 실현)

- 결과: 그 돈으로 가격이 상대적으로 싼 채권을 삽니다. (저평가 자산 매수)

### 상황 B. 주식이 폭락했을 때(10월 리밸런싱)

- 상황: 주식이 반토막 나서 비중이 40%로 쪼그라듦.

- 행동: 채권 10%틀 팔아서 주식을 삽니다.

- 결과: 남들이 공포에 질려 던질 때, 나는 헐값에 주식을 줍습니다. (저점 매수)

이 과정을 반복하면, 당신은 시장을 예측할 필요 없이 자동으로 '비쌀 때 팔고 쌀 때 사는' 고수들의 매매를 하게 됩니다. 이것이 리밸런싱이 '변동성을 역이용하여 수익을 쌓는 기술'이라 불리는 이유입니다.

## 왜 '연 2회(반기)'인가?(최적의 주기)

그렇다면 리밸런싱은 얼마나 자주 해야 할까요? 매일? 매달?
금융 기관들의 연구 결과에 따르면, 너무 잦은 리밸런싱은 오히려 독이 됩니다.

- 비용 문제: 매매를 자주 하면 수수료와 세금이 수익을 깎아먹습니다.
- 추세의 중단: 주식은 한 번 오를 때 관성(Momentum)을 가지고 계속 오르는 경향이 있습니다. 매달 리밸런싱을 하면, 이제 막 오르기 시작한 우량주를 너무 빨리 팔아 버리게 됩니다.

[표 2-4] 리밸런싱 주기에 따른 수익률과 위험 비교(모닝스타 연구)

| 리밸런싱 주기 | 수익률(Return) | 위험(Risk) | 평가 |
|---|---|---|---|
| 매월(Monthly) | 낮음 | 낮음 | 잦은 매매로 비용 증가 |
| 매년(Annual) | 높음 | 적정 | 가장 효율적(Best) |
| 안 함(None) | 높을 수 있음 | 매우 높음 | 위험 관리 실패 |

연구 결과, 연 1회 또는 연 2회(반기) 리밸런싱이 비용 대비 효과가 가장 뛰어났습니다.

우리가 4월 21일과 10월 21일, 딱 두 번만 계좌를 보는 것은 게을러서가 아닙니다. 그것이 통계적으로 가장 우수한 전략이기 때문입니다.

## 결론: 리밸런싱은 '공짜 점심'이다

노벨 경제학상 수상자 해리 마코위츠는 "자산 배분은 투자의 유일한 공짜 점심(Free Lunch)"이라고 말했습니다. 리밸런싱은 이 공짜 점심을 가장 맛있게 먹는 방법입니다.

- 감정 배제: 폭락장이 와도 쫄지 않습니다. '아, 리밸런싱 해서 싸게 살 기회구나.'라고 생각하게 됩니다.
- 위험 통제: 내 자산이 감당할 수 없는 수준의 위험에 노출되는 것을 막아 줍니다.

- 수익 강화: 장기적으로 단순 보유(Buy & Hold)보다 변동성을 줄이면서도 더 높은 복리 수익을 안겨 줍니다.

이제 당신은 1년에 두 번, 기계적으로 비율을 맞추는 것만으로도 상위 10% 투자자가 될 자격을 갖췄습니다. 다음 장에서는 이 리밸런싱 시스템에 '안전벨트'를 하나 더 채워 보겠습니다. 바로 '200일 이동평균선'입니다.

# 3. 200일 이동평균선
## : 폭락장을 피하는 유일한 안전벨트

    앞선 챕터에서 '계절성'과 '리밸런싱'으로 수익을 쌓는 법을 배웠다면, 이번 챕터는 '쌓아 올린 공든 탑이 무너지지 않게 지키는 법'에 관한 내용입니다. 전설적인 트레이더의 철학과 100년의 백테스트 결과를 통해 '하락장 회피 기술'을 상세히 집필했습니다.

> "나는 200일 이동평균선 아래로 가격이 떨어지면 무조건 다 팝니다. 방어
> (Defense)를 하세요. 그래야 살아남습니다."
>
> — 폴 튜더 존스(Paul Tudor Jones)

    우리는 앞서 4월과 10월에 리밸런싱을 하기로 했습니다. 그런데 만약 10월 21일이 되었는데, 시장이 대공황 수준으로 폭락 중이라면 어떻게 해야 할까요? 기계적으로 주식을 사야 할까요? 아니면 잠시 피해야 할까요?

    이때 필요한 것이 바로 '시장 추세(Market Trend)'를 판단하는 기준선입니다. 복잡한 보조 지표는 필요 없습니다. 월가의 전설들이 사용하는 단 하나의 선, 바로 '200일 이동평균선(200-day Moving Average)'이면 충분합니다.

## 추세의 기준: 상승장인가, 하락장인가?

이동평균선(MA)은 지난 며칠간의 종가 평균을 이은 선입니다. 그중 200일 선은 약 10개월. 즉 1년 가까운 장기 추세를 보여주는 생명선과도 같습니다.

### 판단 기준: 아주 단순한 룰(The Simple Rule)

- 주가 〉 200일 선: 현재 가격이 200일 평균보다 위에 있다. → 상승 추세(Bull Market)
  - 행동: 주식을 보유하거나 매수한다.

- 주가 〈 200일 선: 현재 가격이 200일 평균보다 아래로 떨어졌다. → 하락 추세(Bear Market)
  - 행동: 주식을 전량 매도하고 현금(달러 / 채권)으로 대피한다.

이 단순한 원칙은 "떨어지는 칼날을 잡지 마라"라는 격언을 시스템화한 것입니다. 주가가 200일 선을 깨고 내려간다는 것은 시장의 장기 체력이 고갈되었고, 하락 에너지가 지배하고 있다는 강력한 신호입니다.

## 백테스트: 위기 때마다 빛난 방어력

"정말 이 선 하나로 폭락을 피할 수 있을까요?"

의심 많은 당신을 위해 과거 데이터를 검증해 보겠습니다. 1900년대 이후 S&P 500 지수를 대상으로 '그냥 보유(Buy & Hold)'했을 때와 '200일 선매매 전략'을 썼을 때를 비교한 결과입니다.

[표 2-5] S&P 500 전략별 성과 비교(1960~2023)

| 구분 | 단순 보유<br>(Buy & Hold) | 200일 선 전략<br>(Trend Following) | 비고 |
|---|---|---|---|
| 연평균 수익률 | 10.2% | 9.8% | 수익률은 비슷함 |
| 최대 낙폭(MDD) | -56.8%(반토막) | -28.4%(방어 성공) | 손실이 절반으로 줄어듦 |
| 변동성 | 높음 | 낮음 | 심리적 안정감 탁월 |

(출처: Meb Faber, 'The Ivy Portfolio' 백테스트 데이터 재구성)

수익률 자체는 비슷해 보이지만, 핵심은 위험 관리(Risk Management)에 있습니다.

200일 선 전략은 2000년 닷컴 버블 붕괴와 2008년 금융 위기 당시, 주가가 본격적으로 폭락하기 전(고점 대비 -10% 부근)에 '매도 신호'를 보냈습니다. 덕분에 투자자들은 이후 이어진 -40%, -50%의 지옥 같은 추가 하락을 현금을 쥔 채 구경할 수 있었습니다.

## 2008년의 기적

2008년 1월, S&P 500 지수는 200일 선 아래로 내려갔습니다. 이때 주식을 다 팔고 현금이나 국채로 갈아탄 투자자는 그해 가을 리먼 브라더스가 파산하며 시장이 -40% 넘게 폭락할 때 무손실 상태였습니다. 이것이 폴 튜더 존스가 말한 "모든 것을 잃지 않는 비결"입니다.

## 휩소(Whipsaw): 거짓 신호의 비용

물론 이 전략도 만능은 아닙니다. 치명적인 단점이 하나 있는데, 바로 '휩소(Whipsaw, 거짓 신호)'입니다.

시장이 뚜렷한 상승 / 하락 없이 옆으로 기어가는 '횡보장'에서는 주가가 200일 선을 수시로 넘나듭니다.

- 어제 200일 선 깨져서 팔았는데(손절), 오늘 다시 200일 선 위로 급등한다면?
- 다시 샀는데 내일 또 떨어진다면?

이 과정에서 수수료와 슬리피지(체결 오차) 손실이 발생합니다. 이를 '보험료(Insurance Premium)'라고 생각해야 합니다.

우리가 자동차 보험료를 매년 내지만 사고가 안 났다고 해서 '돈 날렸다'고 화내지 않습니다. 대형 사고(폭락장)가 났을 때 내 전 재산을 지키기 위해, 평소에 지불하는 작은 비용이 바로 휩소 손실입니다.


## 우리 시스템에 적용하는 법: 1년에 두 번만 체크하라

매일 200일 선을 체크하며 사고파는 것은 직장인에게 불가능하며, 잦은 매매로 계좌가 녹을 수 있습니다. 그래서 우리는 이 기준을 리밸런싱 날(4/21, 10/21)에만 적용합니다.

**Action Plan: 리밸런싱 날의 의사 결정 알고리즘**

- D-Day(예: 10월 21일) 아침, 차트를 켠다.
- 질문: 현재 코스피 / S&P 500 지수가 200일 이동평균선 위에 있는가?
- YES(상승장): 계획대로 리밸런싱을 진행한다. (주식 매수)
- NO(하락장):
  - 공격형: 주식 매수를 보류하고 현금/달러/채권 비중을 유지한다.
  - 방어형: 200일 선을 회복할 때까지 주식 비중을 최소화(예: 30% 미만)
    한다.

이 간단한 필터 하나가 당신이 '떨어지는 칼날'을 맨손으로 잡는 참사를 막아 줄 것입니다.


## 결론: 이길 수밖에 없는 구조를 만들었다

우리는 2장에서 세 가지 강력한 무기를 장착했습니다.

- 계절성: 확률 높은 시기(11월~4월)에만 주력한다.
- 리밸런싱: 비쌀 때 팔고 쌀 때 사는 자동 매매를 한다.
- 200일 선: 대세 하락장이 오면 현금으로 대피한다.

이제 기본 구조는 완성되었습니다. 다음 3장에서는 이 구조를 실제로 담을 그릇, 즉 3장「직장인 맞춤 투자 시스템 설계」에 대해 구체적으로 알아보겠습니다.

# 직장인 맞춤
# 투자 시스템 설계

# 1. 통장 4개 구조
## : 돈이 저절로 모이는 '머니 파이프라인'

"돈을 버는 것은 기술이고, 돈을 쓰는 것은 예술이며, 돈을 관리하는 것은 시스템이다."

많은 직장인의 월급날 풍경은 비슷합니다. 월급이 들어오자마자 카드값, 대출 이자, 공과금이 썰물처럼 빠져나갑니다. 남은 돈으로 한 달을 버티다가, 부족하면 마이너스 통장을 씁니다. 그리고 다음 달 월급으로 그 구멍을 메웁니다. 이것은 '관리'가 아니라 '돌려막기'입니다.

이 악순환을 끊는 유일한 방법은 돈의 용도에 따라 방(Room)을 나누는 것입니다. 우리는 이것을 '통장 4개 쪼개기'라고 부릅니다. 이 시스템이 구축되면, 당신이 잠든 사이에도 돈은 알아서 제자리를 찾아가고 불어납니다.

### 왜 4개인가?(The Rule of Four)

행동경제학에는 '심적 회계(Mental Accounting)'라는 개념이 있습니다. 사람들은 돈에 꼬리표를 붙여 관리할 때 더 합리적으로 소비한다는 것입니다. 우리는 월급을 다음과 같이 4개의 꼬리표로 분류합니다.

나는 50살에 진짜 투자를 시작했다

- 급여 통장(Hub): 돈이 들어와서 잠시 머물다 흩어지는 '환승 센터'
- 생활비 통장(Consumption): 먹고 노는 데 쓰는 '소비 댐'
- 여유 자금 통장(Buffer): 비상시를 대비한 '저수지'(파킹 통장 / CMA)
- 투자 / 연금 통장(Growth): 미래를 위해 돈을 불리는 '엔진'

이 4개의 통장은 절대 섞어서는 안 됩니다. 섞이는 순간 투자해야 할 돈으로 술을 마시고, 비상금으로 주식을 사는 혼란이 발생합니다.

## 첫 번째: 급여 통장(잔고를 0으로 만들어라)

급여 통장의 목적은 '보관'이 아니라 '분배'입니다.

### 핵심 전략: 스치듯 안녕

급여 통장의 잔고는 항상 0원이어야 합니다. 월급이 들어온 다음 날(D+1), 모든 돈을 다른 3개의 통장으로 자동 이체 시켜 버리십시오. 통장에 돈이 남아 있으면 우리 뇌는 그것을 '써도 되는 돈'으로 인식합니다.

- 추천 상품: 시중 은행의 '직장인 우대 급여 통장'
- 체크 포인트: 이체 수수료 면제 혜택이 있는지 반드시 확인해야 합니다. 우리는 매월 수십 건의 자동 이체를 해야 하므로, 수수료 500원도 아깝습니다.

**두 번째: 생활비 통장(소비의 방파제)**

직장인이 돈을 모으지 못하는 가장 큰 이유는 '생활비'의 경계가 없기 때문입니다. 생활비 통장은 소비를 '강제 통제' 하는 역할을 합니다.

**핵심 전략: 체크카드의 마법**

이 통장에는 딱 '한 달치 예산'만 넣어 둡니다. 그리고 신용카드 대신 체크카드를 연결해 씁니다. 잔액이 부족하면 결제가 안 되기 때문에, 강제로 지출을 멈추게 됩니다.

[표 3-1] 가구 유형별 적정 생활비 가이드라인

| 가구 유형 | 평균 생활비(월) | 권장 목표 생활비(월) | 비고 |
|---|---|---|---|
| 1인 가구 | 약 155만 원 | 100~120만 원 | 식비 / 주거비 절약 필수 |
| 2인 가구 | 약 250만 원 | 180~200만 원 | 맞벌이 부부 기준 |
| 4인 가구 | 약 450만 원 | 350~400만 원 | 사교육비 통제 필요 |

(※ 통계청 2023 가계 동향 조사 및 언론 보도 자료 참조, 통계청 데이터 기반 재구성)

처음에는 불편할 것입니다. 하지만 '이 통장에 있는 돈만 내 돈이다'라고 뇌를 훈련시켜야 합니다. 남은 생활비는 칭찬의 의미로 다음 달로 이월하거나, 여유 자금 통장으로 보내 저축합니다.

**세 번째: 여유 자금 통장(돈이 쉬지 않게 하라)**

살다 보면 갑자기 축의금을 내야 하거나, 차를 수리해야 할 일이 생깁니다. 이때 생활비 통장이나 투자 통장을 건드리지 않기 위해 필요한 것이 '비상금(여유 자금) 통장'입니다.

### 핵심 전략: 하루만 넣어도 이자가 붙는 곳(CMA / 파킹 통장)

비상금은 언제 쓸지 모르니 입출금이 자유로워야 합니다. 하지만 일반 수시 입출금 통장(이자 0.1%)에 넣는 것은 바보 같은 짓입니다. 증권사의 CMA(종합자산관리계좌)나 인터넷 은행의 파킹 통장을 활용하십시오.

[표 3-2] 일반 통장 vs 파킹 통장 / CMA 금리 비교(2024년 기준)

| 구분 | 일반 입출금 통장 | 파킹 통장 / CMA(RP형) | 차이 |
|---|---|---|---|
| 금리(연) | 0.1% | 3.0%~3.6% | 30배 이상 |
| 이자 지급 | 분기별 | 매일 또는 월별 | 복리 효과 |
| 활용 | 급여 / 공과금 이체용 | 비상금 보관용 | 돈이 돈을 범 |

비상금의 규모는 '월 생활비의 3~6개월치'가 적당합니다. 월 생활비가 200만 원이라면, 600만 원~1,200만 원을 이 통장에 채워 두십시오. 이 돈은 당신의 심리적 안정감을 지켜 주는 든든한 '에어백'이 될 것입니다.

### 네 번째: 투자 / 연금 통장(미래로 가는 타임머신)

마지막으로 가장 중요한 '투자 통장'입니다. 이 통장은 당신의 은퇴를 책임질 핵심 엔진입니다.

**핵심 전략: 선(先) 저축, 후(後) 소비**

많은 사람이 '쓰고 남은 돈을 저축해야지'라고 생각합니다. 하지만 남는 돈은 절대 없습니다. 반드시 '먼저 투자를 하고, 남은 돈으로 살아야' 합니다.

- 일반 투자 계좌(ISA 등): 중단기 목돈 마련(결혼, 주택 구입)
- 연금 계좌(연금 저축 / IRP): 노후 준비 및 세액 공제

월급이 들어온 날(D-day)이 아니라, 그다음 날(D+1)에 월급의 20%~50%가 이 통장으로 자동 이체 되도록 설정하십시오. 강제성이 부여되지 않은 투자는 지속될 수 없습니다.

[표 3-3] 4개의 통장 시스템 요약 및 행동 지침

| 통장 이름 | 역할 | 추천 상품 | 핵심 행동(Action) |
|---|---|---|---|
| 1. 급여 통장 | 자금 분배(Hub) | 수수료 면제 통장 | 급여일 다음 날 잔고 0원 만들기 |
| 2. 생활비 통장 | 소비 통제 | 체크카드 연결 통장 | 예산 내에서만 지출하기 |
| 3. 여유 통장 | 비상금(Buffer) | CMA, 파킹 통장 | 생활비 3개월치 유지, 3.5% 이자 챙기기 |
| 4. 투자 통장 | 자산 증식 | 증권사 종합 / 연금 계좌 | 월급의 30% 이상 선납 자동 이체 |

## 결론: 시스템이 당신을 자유롭게 하리라

통장을 쪼개는 과정은 귀찮습니다. 은행 앱을 켜고, 계좌를 새로 만들고, 자동 이체를 설정해야 합니다. 하지만 딱 한 번만 이 시스템을 구축해 놓으면 앞으로 평생 돈 관리로 스트레스받을 일이 사라집니다.

- 월급날 아침, 급여 통장에 돈이 들어옵니다.
- 점심시간, 기계가 달아서 생활비, 비상금, 투자금으로 돈을 보냅니다.
- 저녁시간, 투자 통장에서는 자동으로 S&P 500 ETF가 매수됩니다.

당신은 그저 체크카드에 남은 잔액을 확인하며, '이번 달은 이만큼 쓸 수 있구나'라고 생각하면 됩니다. 돈 걱정은 시스템에 맡기고, 당신은 본업과 삶에 집중하십시오. 이것이 부자가 되는 가장 빠른 길입니다.

# 2. 여유 자금의 자동 이동 및 비중 유지 방법
## : 숨만 쉬어도 돈이 모인다

"가장 좋은 저축 방법은, 돈을 저축했다는 사실조차 잊어버리는 것이다."

앞서 우리는 통장 4개를 만들었습니다. 이제 이 통장들을 파이프라인으로 연결할 차례입니다. 물을 틀면 수도관을 타고 각 가정으로 물이 공급되듯, 월급이 들어오면 자동으로 각 통장으로 흘러 들어가게 만들어야 합니다.

이 챕터에서는 '돈의 흐름을 자동화(Automation)'하는 구체적인 세팅법과 변동성이 큰 시장에서도 흔들리지 않고 '비중을 유지하는(Rebalancing) 기술'을 다룹니다.

### 자동 이체 세팅의 골든 룰: D+1의 법칙

많은 사람이 월급날(D-day)에 카드값이나 공과금이 빠져나가도록 설정합니다. 하지만 저축과 투자는 달라야 합니다.

#### 핵심 전략: 선(先) 납입 시스템 구축하기

월급날이 25일이라고 가정해 봅시다. 당신은 매월 26일을 '시스템

가동일'로 지정해야 합니다.

[표 3-4] 자동 이체 설정 로드맵(월급 300만 원 예시)

| 순서 | 출금 계좌 | 입금 계좌(목적) | 금액(비중) | 설정일 |
|---|---|---|---|---|
| 1 | 급여 통장 | 투자 / 연금 통장 | 100만 원(33%) | 26일 오전 |
| 2 | 급여 통장 | 여유 자금 통장(CMA) | 50만 원(17%) | 26일 오전 |
| 3 | 급여 통장 | 생활비 통장 | 150만 원(50%) | 26일 오전 |
| 4 | 급여 통장 | (잔액 확인) | 0원 | 26일 오후 |

이렇게 설정해 두면, 당신은 월급을 구경조차 할 수 없습니다. 26일 저녁에 생활비 통장을 열어 보면 딱 150만 원이 들어 있을 것입니다. 이제 당신의 뇌는 '이번 달은 300만 원이 아니라 150만 원으로 살아야 한다'고 인식하게 됩니다. 이것이 강제 저축의 핵심입니다.

## Tip. 혹시 잔액이 부족하면 어떡하죠?

카드 결제일이나 대출 이자 납입일은 월급날 당일(25일)이나 월말(30일)로 설정하는 것이 좋습니다. 만약 26일에 돈을 다 보냈는데 28일에 카드값이 나간다면 연체가 될 수 있기 때문입니다. 가장 안전한 것은 고정 지출이 다 빠져나간 뒤인 '말일'에 남은 돈을 투자 통장으로 싹쓸이(Sweep)하는 방식입니다. 하지만 이 방식은 소비 통제가 어렵기 때문에, 초보자는 선납입 방식(26일 이체)을 강력 추천합니다.

## 증권사 자동 매수: 감정을 배제한 '무지성' 적립

돈을 투자 통장으로 보냈다고 끝이 아닙니다. 그 돈으로 주식(ETF)을 사야 합니다. 하지만 바쁜 직장인이 매달 26일에 MTS를 켜서 매수 주문을 넣기는 쉽지 않습니다. 까먹기도 하고, 그날따라 주가가 폭락하면 무서워서 못 사기도 합니다.

### 핵심 전략: 적립식 자동 주문 서비스

대부분의 증권사(키움, 미래에셋, 토스 등)는 '주식 / ETF 적립식 자동 주문' 기능을 제공합니다.

- 설정 예시: "매월 27일, 시장가로, TIGER 미국 S&P 500 ETF를 50만 원어치 매수해 줘."

이렇게 세팅해 두면, 당신이 회의를 하든 휴가를 갔든 상관없이 시스템이 기계적으로 주식을 사 모읍니다. 주가가 비싸면 적게 사고(수량 감소), 주가가 싸면 많이 사는(수량 증가) '코스트 에버리지(Cost Averaging)' 효과가 자동으로 발생합니다.

[표 3-5] 코스트 에버리지 효과 시뮬레이션(하락장 매수 시)

| 월 | 주가 | 투자금 | 매수 수량 | 비고 |
|---|---|---|---|---|
| 1월 | 10,000원 | 100만 원 | 100주 | 시작 |
| 2월 | 5,000원(폭락) | 100만 원 | 200주 | 저점 매수 기회 |
| 3월 | 8,000원(반등) | 100만 원 | 125주 | 회복기 |
| 결과 | 평균 단가 | - | 7,058원 | 현재가(8천 원)보다 낮음 |

주가가 1만 원에서 8천 원으로 떨어졌는데도 당신은 수익권입니다. 폭락했을 때 기계적으로 더 많은 수량을 확보했기 때문입니다. 자동 매수는 하락장을 '세일 기간'으로 바꿔 주는 마법의 도구입니다.

## 비중 유지의 기술: 트리거(Trigger) vs 캘린더(Calendar)

"여유 자금이 너무 쌓이면 어떡하죠?", "주식이 너무 오르면 어떡하죠?"

시스템이 돌아가기 시작하면 자산 규모가 커지면서 비중이 틀어집니다. 이를 조절하는 두 가지 방법이 있습니다.

### 방법 A: 캘린더 리밸런싱(Time-based)

우리가 채택한 방식입니다. 매년 4월 21일과 10월 21일에만 비중을 확인하고 조절합니다.

- 장점: 신경 쓸 게 없습니다. 1년에 두 번만 로그인하면 됩니다.
- 단점: 그 사이 폭락장이 오면 대응이 늦을 수 있습니다. (그래서 200일 선 기준을 병행합니다.)

### 방법 B: 트리거 리밸런싱(Threshold-based)

비중이 일정 범위를 벗어날 때마다 즉시 조절하는 방식입니다.

- 설정: "주식 비중이 목표(50%)보다 ±10%p 벗어나면(40% 이하 or 60%

이상) 리밸런싱 한다."

- 장점: 변동성을 더 타이트하게 관리할 수 있습니다.

- 단점: 매일 계좌를 들여다봐야 합니다. (직장인에게 비추천)

우리는 방법 A(캘린더)를 기본으로 하되, 여유 자금 통장에 돈이 너무 많이 쌓였을 때(생활비 6개월치 초과)는 그 초과분을 즉시 투자 통장으로 이체하는 '잉여 자금 트리거'를 추가로 사용합니다.

### Action Plan: 잉여 현금 처리 규칙

- 매월 말일: 여유 자금(CMA) 통장 잔고 확인.

- 기준: 내 월 생활비의 6배(예: 200만 원×6= 1,200만 원).

- 행동: 1,200만 원을 넘는 돈은 전액 투자 통장으로 이체하여 S&P 500 ETF를 추가 매수한다.

- 이유: 비상금은 6개월 치면 충분합니다. 그 이상 썩혀 두는 것은 인플 레이션에 돈을 잃는 행위입니다.

### 결론: 감정이 개입할 틈을 주지 마라

투자 실패의 원인은 언제나 '나 자신'입니다. "지금 사도 될까?", "더 떨어지면 살까?" 고민하는 순간 투자는 도박이 됩니다.

자동 이체와 자동 주문 시스템은 당신의 그 쓸데없는 고민을 삭제해 줍니다.

- 돈이 들어오면 → 자동으로 쪼개지고

- 쪼개진 돈은 → 자동으로 주식을 사고

- 비상금이 넘치면 → 자동으로 재투자된다.


이 무한 루프(Loop)를 만드는 데 필요한 시간은 단 1시간입니다. 이번 주말, 스마트폰을 켜고 당신만의 '머니 파이프라인'을 건설하십시오. 10년 뒤, 이 파이프라인에서 쏟아지는 경제적 자유를 맛보게 될 것입니다.

# 3. 연금·IRP를 통한 세액공제 활용
## : 국가가 보장하는 16.5% 확정 수익

해당 파트는 이 책의 '꿀팁' 중 꿀팁입니다.

'수익률 16.5%를 국가가 보장해 준다'는 강력한 메시지를 중심으로, 연금 저축과 IRP의 차이점, 세액공제 한도(900만 원) 활용 전략 그리고 과세 이연의 복리 효과를 상세하게 집필했습니다. 독자가 이 챕터를 읽고 나면 당장 계좌를 개설하고 싶어질 것입니다.

"세금을 덜 내는 것은 돈을 버는 것과 같다. 연금 계좌는 합법적으로 세금을 내지 않고 부를 축적할 수 있는 유일한 '비밀 금고'다."

주식으로 연 10% 수익을 내는 것은 어렵습니다. 하지만 연 16.5%의 수익을 확정적으로 내는 방법은 있습니다. 바로 '세액공제'입니다. 정부는 국민들이 스스로 노후를 준비하도록 장려하기 위해, 연금 계좌에 돈을 넣기만 해도 파격적인 세금 환급 혜택을 줍니다.

직장인에게 연말정산은 '13월의 월급'이 될 수도, '세금 폭탄'이 될 수도 있습니다. 이 챕터에서는 연금 저축과 IRP를 활용해 세금을 멘징(Menzing) 하고, 노후 자산의 스노우볼을 굴리는 법을 알아봅니다.

# 13월의 월급: 앉아서 148만 원 벌기

연금 계좌(연금 저축+IRP)의 가장 큰 매력은 '세액공제'입니다. 납입한 금액의 일정 비율만큼을, 연말정산 때 내야 할 세금에서 그대로 깎아 주거나 현금으로 돌려줍니다.

### 핵심 혜택: 최대 900만 원까지 공제

2024년 세법 기준으로, 연금 계좌의 세액공제 납입 한도는 연간 합산 900만 원입니다.

- 연봉 5,500만 원 이하: 공제율 16.5%(지방소득세 포함)
- 연봉 5,500만 원 초과: 공제율 13.2%

[표 3-6] 연봉별 세액공제 환급액 시뮬레이션(900만 원 납입 시)

| 구분 | 공제율 | 최대 환급액(1년) | 수익률 환산 |
|---|---|---|---|
| 연봉 5,500만 원 ↓ | 16.5% | 148만 5천 원 | +16.5% |
| 연봉 5,500만 원 ↑ | 13.2% | 118만 8천 원 | +13.2% |

단지 계좌에 돈을 넣었을 뿐인데 148만 원을 돌려받습니다. 이는 원금 보장형 상품이면서 확정 수익률이 16.5%인 상품에 가입한 것과 같습니다. 워런 버핏도 부러워할 수익률입니다. 이 혜택을 챙기지 않는 것은 길바닥에 150만 원을 버리는 것과 다름없습니다.

# 연금 저축 vs IRP: 무엇이 다른가?

많은 초보자가 두 계좌를 헷갈려합니다. 둘 다 노후를 위한 계좌지만, 운용 규칙에 차이가 있습니다.

## 연금저축펀드(자유로운 영혼)

- 가입: 누구나 가입 가능(주부, 미성년자 포함)
- 투자: ETF 등 다양한 펀드에 100% 투자 가능(위험 자산 제한 없음)
- 인출: 중도 인출이 비교적 자유로움(세액공제 받지 않은 원금은 페널티 없이 인출 가능)

## IRP(개인형 퇴직 연금)(엄격한 관리자)

- 가입: 소득이 있는 취업자(직장인, 자영업자)
- 투자: 위험 자산(주식형) 비중이 70%로 제한됨(안전 자산 30% 의무 보유)
- 인출: 법정 사유(주택 구입, 파산 등) 외에는 중도 인출 불가(전액 해지만 가능)

[표 3-7] 연금 저축 vs IRP 한눈에 비교

| 구분 | 연금저축펀드 | IRP(개인형 퇴직 연금) |
|---|---|---|
| 세액공제 한도 | 연 600만 원 | 연 900만 원(연금 저축 포함) |
| 위험 자산 한도 | 100%(공격적) | 70%(안전 지향) |
| 수수료 | 펀드 보수 외 없음 | 계좌 운용 / 관리 수수료 있음(비대면 무료 추세) |
| 추천 전략 | 우선 납입(1순위) | 추가 납입(2순위) |

**Action Plan: 납입 순서 전략**

세액공제 한도(900만 원)를 채우는 가장 효율적인 순서는 다음과 같습니다.

- 1단계: 연금 저축에 월 50만 원(연 600만 원)을 먼저 납입합니다.
  - 이유: 위험 자산(S&P 500 ETF)을 100% 담을 수 있고, 수수료가 없으며, 유동성이 좋기 때문입니다.
- 2단계: 여유가 있다면 IRP에 월 25만 원(연 300만 원)을 추가 납입합니다.
  - 이유: 연금 저축 한도(600만 원)를 초과한 나머지 300만 원에 대해 공제를 받기 위함입니다.


## 과세 이연: 복리의 스노우볼을 굴려라

세액공제보다 더 무서운 혜택은 '과세 이연(Tax Deferral)'입니다.

일반 계좌에서 해외 주식(ETF)을 팔거나 배당을 받으면 15.4%의 배당소득세를 즉시 떼 갑니다. 하지만 연금 계좌에서는 세금을 떼지 않습니다.

"세금을 안 내나요?"

아닙니다. "나중에 낼게요."라고 하면서 미루는 것입니다. 55세 이후 연금을 받을 때까지 세금을 내지 않으므로, 그 세금(15.4%)만큼의 돈이 계좌에 남아 재투자됩니다.

[표 3-8] 일반 계좌 vs 연금 계좌 20년 투자 시뮬레이션

(매년 1,000만 원 이익 발생 가정)

| 구분 | 일반 계좌(매년 과세) | 연금 계좌(과세 이연) | 차이 |
|---|---|---|---|
| 세금(15.4%) | 매년 154만 원 차감 | 0원(나중에 냄) | - |
| 재투자 원금 | 846만 원 | 1,000만 원 | 시드머니 차이 발생 |
| 20년 후 결과 | 세후 복리 수익 | 세전 복리 수익 | 연금 계좌 압승 |

20~30년 뒤 연금을 받을 때는 3.3%~5.5%의 저율 과세(연금소득세)만 적용됩니다. 일반 세율(15.4%)보다 훨씬 낮습니다. 즉, 세금을 늦게 내서 이득이고, 적게 내서 또 이득입니다.

## 주의 사항: 이것만은 조심하자

연금 계좌는 혜택이 큰 만큼 제약도 있습니다.

- 묶이는 돈이다: 55세 이전에 해지하면, 그동안 받았던 세액공제 혜택을 모두 토해 내야 합니다. (기타소득세 16.5% 부과) 배보다 배꼽이 더 클수 있으므로, 반드시 '당장 없어도 되는 여유 자금'으로만 해야 합니다.

- 연금 수령 한도: 연간 연금 수령액이 1,500만 원을 초과하면 종합소득세가 과세될 수 있습니다. (2024년 기준 1,200만 원 → 1,500만 원 상향). 따라서 나중에 연금을 받을 때 수령 기간을 길게(10년 → 20년) 늘려서 연 수령액을 조절해야 합니다.

## 결론: 직장인의 필수 생존 키트

- 통장 4개로 돈의 흐름을 통제하고,
- 자동 이체로 투자를 시스템화하며,
- 연금 / IRP로 세금까지 챙겼다면,

이제 당신은 투자할 준비(Ready)가 완벽하게 끝났습니다. 이제 이 계좌들에 구체적으로 '어떤 자산(What)'을 담아야 할지, 4장 「자산별 투자 전략」에서 본격적으로 다뤄 보겠습니다. 미국 주식, 한국 주식, 채권, 금, 비트코인. 이 5가지 어벤저스 자산을 어떻게 조합해야 하는지, 그 비밀을 공개합니다.

# 4장

# 자산별 투자 전략

# 1. 미국 주식
## : 자산 증식의 메인 엔진(Core & Satellite)

"미국을 상대로 반대 베팅을 해서 돈을 번 사람은 지난 240년간 아무도

없었다.(Never bet against America.)"

— 워런 버핏(Warren Buffett), 〈2021년 버크셔 해서웨이 주주 서한〉 중

우리의 투자 포트폴리오에서 가장 큰 비중, 즉 심장과도 같은 역할을 수행해야 할 자산은 단연 미국 주식입니다. 전 세계 주식 시장 시가총액의 약 60%를 차지하는 미국은 단순한 하나의 국가가 아닙니다. 그곳은 전 세계의 자본, 기술, 인재가 용광로처럼 섞여 끊임없이 새로운 부(Wealth)를 창출해 내는 '자본주의의 플랫폼'입니다.

왜 우리는 한국에 살면서도 자산의 절반 이상을 태평양 건너 미국에 두어야 할까요?

첫째, 주주 자본주의의 정점입니다. 기업이 번 돈을 배당과 자사주 매입으로 주주에게 환원하는 문화가 법과 제도, 상식으로 굳건히 자리 잡고 있습니다.

둘째, 혁신의 발원지입니다. 인터넷, 스마트폰, AI(인공지능) 등 세상을 바꾸는 기술은 언제나 미국에서 시작되어 전 세계로 퍼져나갑니다.

셋째, 기축통화국(달러)의 힘입니다. 글로벌 위기가 닥치면 전 세계 자금은 안전 자산인 달러로 몰립니다. 미국 주식을 보유한다는 것은

달러 자산을 보유한다는 뜻이며, 이는 위기 시 내 자산의 방어력을 극대화해 줍니다.

이 챕터에서는 미국 주식이라는 거대한 엔진을 우리 계좌에 장착하는 법을 다룹니다. 특히 시장 전체를 사는 S&P 500(코어)을 중심으로, 폭발적인 성장을 의한 나스닥 100(위성) 그리고 경기 회복기의 다크호스인 러셀 2000(위성)을 어떻게 전략적으로 배분해야 하는지 심층 분석 합니다.

## S&P 500: 투자의 기본이자 끝판왕(The Core)

미국 투자의 시작과 끝은 S&P 500 지수입니다. 스탠더드 앤드 푸어스(S&P)가 선정한 미국 대표 우량 기업 500개 종목으로 구성된 이 지수는, 지난 100년간 인류가 만들어 낸 최고의 금융 발명품 중 하나로 평가받습니다. 애플, 마이크로소프트, 아마존, 구글, 엔비디아 등 우리가 매일 사용하는 제품과 서비스를 만드는 세계 1등 기업들이 모두 이 안에 들어 있슬니다.

### 100년의 검증: 연평균 10%의 기적(Historical Performance)

"과거의 수익률이 미래를 보장하지 않는다"는 격언이 있습니다. 하지만 100년의 데이터라면 이야기가 다릅니다. S&P 500 지수의 역사는 곧 미국 자본주의의 승리 역사입니다.

금융 데이터 분석에 따르면, 1928년부터 2024년까지 S&P 500 지수의 연평균 수익률(CAGR)은 배당 재투자를 포함하여 약 10% 내외입니다. 물가 상승률(인플레이션)을 뺀 실질 수익률로 계산해도 연 6.8% 수준의 부가 창출되었습니다.

이 10%라는 숫자가 갖는 복리의 힘은 실로 엄청납니다.

만약 당신의 조부모님이 1957년(S&P 500 지수가 현재의 500개 종목 체제로 개편된 해)에 100달러를 투자하고 잊어버렸다면, 2024년 말 기준으로 그 돈은 얼마가 되었을까요? 무려 96,000달러(약 1억 3천만 원)가 넘습니다. 원금이 960배로 불어난 것입니다.

[표 4-1] S&P 500 주요 기간별 연평균 수익률(CAGR)

| 기간 | 연평균 수익률 (Nominal) | 특징 |
| --- | --- | --- |
| 최근 100년(1924~2024) | 10.2% | 대공황, 2차 대전 포함 |
| 최근 50년(1974~2024) | 11.1% | 오일쇼크 이후 현대 자본주의 |
| 최근 20년(2004~2024) | 9.8% | 금융 위기, 코로나 포함 |
| 최근 10년(2014~2024) | 12.9% | 빅테크 주도 강세장 |

(출처: 스턴경영대학원의 공개 통계 데이터 기반 기간별 특징 재구성)

이 데이터가 증명하는 것은 단 하나입니다. '미국 기업들의 이익은 장기적으로 우상향한다.' 전쟁이 나도, 전염병이 돌도, 금리가 올라도 자본주의 시스템은 문제를 해결하고 다시 성장 궤도로 복귀했습니다.

### 자동 자정 작용: 1등만 살아남는 시스템(Self-Cleansing)

S&P 500 지수가 100년간 망하지 않고 성장한 비결은 무엇일까요? 바로 지수 자체가 가진 강력한 '자정 능력(Self-Cleansing)' 때문입니다.

나는 50살에 진짜 투자를 시작했다

S&P 지수 위원회는 분기마다 엄격한 기준(시가총액, 유동성, 4분기 연속 흑자 등)을 적용해 구성 종목을 변경합니다. 실적이 나빠지거나 시대의 흐름에 뒤처진 기업은 가차 없이 퇴출당하고, 새롭게 떠오르는 혁신 기업이 그 자리를 채웁니다.

- 1980년대: 엑슨모빌(에너지), GE(제조), IBM(컴퓨터)이 지수를 지배했습니다.
- 2020년대: 애플(모바일), 마이크로소프트(클라우드), 엔비디아(AI)가 지배합니다.

개별 기업인 GE는 몰락했지만, S&P 500 지수는 몰락하지 않았습니다. 오히려 새로운 1등인 애플을 편입하여 더 크게 성장했습니다.

우리가 S&P 500 ETF(SPY, IVV, VOO 등)를 산다는 것은, '누가 1등이 되든 상관없다. 나는 무조건 이기는 1등 편에 서겠다.'라는 가장 현명하고 게으른 전략을 취하는 것입니다.

### 위기 후의 회복 탄력성(Resilience)

많은 투자자가 폭락장을 두려워합니다. 하지만 S&P 500의 역사는 폭락장이 곧 '바겐세일' 기간이었음을 보여 줍니다.

- 2008년 글로벌 든융 위기: 지수가 고점 대비 -57% 폭락했습니다. 세상이 망할 것 같았지만, 지수는 2009년 3월 바닥을 찍고 반등하여 2013년에 전고점을 돌파했습니다. 이후 2019년까지 역사상 최장기 강세장을 연출했습니다.

- 2020년 코로나19 팬데믹: 단 한 달 만에 -34% 급락했습니다. 하지만 막대한 유동성과 비대면 기술 기업들의 실적 호조로 불과 6개월 만에 전고점을 회복하고 신고가를 경신했습니다.

S&P 500은 '평균 회귀(Mean Reversion)'의 성질을 가장 잘 보여 주는 자산입니다. 너무 많이 오르면 조정을 받고, 너무 많이 떨어지면 반드시 제자리로 돌아옵니다. 이 믿음이 있다면 하락장은 공포가 아닌 기회가 됩니다.

## 나스닥 100: 수익률을 끌어올리는 터보 엔진(Satellite 1)

S&P 500이 묵직하고 안정적인 대형 세단이라면, 나스닥 100(Nasdaq 100)은 폭발적인 속도를 내는 스포츠카입니다. 나스닥 시장에 상장된 기업 중 금융회사를 제외한 시가총액 상위 100개 기업으로 구성된 이 지수는, 21세기 혁신 산업의 최전선에 있습니다.

### 기술주 중심의 고성장(Growth Engine)

나스닥 100의 구성 종목은 기술(Technology), 통신 서비스, 헬스케어, 소비재 등 성장 섹터에 집중되어 있습니다. 애플, 마이크로소프트, 아마존, 구글(알파벳), 메타, 테슬라, 엔비디아 등 이른바 '매그니피센트7(M7)'이 지수의 움직임을 주도합니다.

[표 4-2] S&P 500 vs 나스닥 100 최근 15년 성과 비교(2009~2023)

[표 4-2] S&P 500 vs 나스닥 100 최근 15년 성과 비교(2009~2023)

| 구분 | S&P 500(SPY) | 나스닥 100(QQQ) | 비고 |
|---|---|---|---|
| 누적 수익률 | 약 600% | 약 1,300% | 나스닥의 압승 |
| 연평균 수익률 | 13.8% | 19.5% | 복리의 격차 확대 |
| 최대 하락폭 | -33.9%(2020) | -33.0%(2022) | 변동성은 나스닥이 더 큼 |

지난 15년은 스마트폰, 클라우드, AI로 이어지는 '기술의 시대'였습니다. 이 기간 나스닥 100은 S&P 500보다 2배 이상의 누적 수익을 안겨 주었습니다. 만약 당신이 2010년에 나스닥 100 ETF(QQQ)에 1억 원을 투자했다면, 지금쯤 13억 원 이상의 자산가가 되어 있을 것입니다.

### 높은 변동성의 그림자(High Volatility)

하지만 '하이 리턴(High Return)'에는 반드시 '하이 리스크(High Risk)'가 따릅니다. 나스닥 100은 금리와 경기에 매우 민감합니다.

- 2000년 닷컴 버블: 기술주 거품이 꺼지면서 나스닥 100은 고점 대비 -82%라는 처참한 폭락을 겪었습니다. 원금을 회복하는 데 무려 15년 (2015년)이 걸렸습니다.
- 2022년 금리 인상기: 연준의 급격한 금리 인상으로 성장주의 미래 가치가 할인되자, 나스닥 100은 -33% 하락했습니다. S&P 500(-19%)보다 방어력이 훨씬 약했습니다.

나스닥 100은 상승장에서는 최고의 친구지만, 하락장에서는 가장 먼저 배신하는 친구가 될 수 있습니다. 따라서, '몰빵'보다는 포트폴리오의 수익률을 부스팅(Boosting) 하는 위성 전략으로 활용하는 것이 안전합니다.

### 언제 비중을 늘려야 할까?

우리는 나스닥 100의 비중을 전체 주식 자산의 20~30% 수준으로 유지하되, 다음의 경우 비중을 조절합니다.

- 확대 시기: 금리 인하가 시작되어 유동성이 공급될 때, 또는 AI와 같은 거대한 기술 혁신 사이클(Capec)이 초기 단계일 때.
- 축소 시기: 금리가 급격히 오르거나(긴축), 기술주의 PER(주가 수익 비율)이 역사적 고점을 뚫고 과열 양상을 보일 때.

## 러셀 2000: 경기 회복기의 다크호스(Satellite 2)

대부분의 투자자는 S&P 500과 나스닥만 봅니다. 하지만 진정한 고수는 미국의 중소형주 2,000개를 모아 놓은 러셀 2000(Russell 2000) 지수를 주시합니다. 이 지수는 미국 경제의 '실핏줄'이자, 경기 회복의 신호탄 역할을 합니다.

### 대기업 vs 중소기업: 순환의 법칙

주식 시장에는 '사이즈 로테이션(Size Rotation)'이 존재합니다. 대형

주가 잘나가는 시기가 있으면, 중소형주가 주인공이 되는 시기가 반드시 옵니다.

- 러셀 2000의 특징: 내수 기업 비중이 높고, 지역 은행, 헬스케어(바이오), 산업재 기업들이 많이 포함되어 있습니다. 이들은 글로벌 경기보다 미국 실물 경기와 금리에 민감하게 반응합니다.

## 경기 회복 초기의 폭발력

러셀 2000이 빛을 발하는 순간은 '깊은 경기 침체 후 회복기'입니다. 경기가 바닥을 치고 살아날 때, 몸집이 가벼운 중소형주들의 이익 개선 속도가 대형주보다 훨씬 빠르기 때문입니다.

[표 4-3] 경기 침체 직후 러셀 2000의 초과 성과 사례

| 위기 종류 | 회복 기간 | S&P 500 수익률 | 러셀 2000 수익률 | 비고 |
|---|---|---|---|---|
| 저축대부조합 위기 | 1990.10~1991.04 | +29% | +45% | 중소형주 랠리 |
| 닷컴 버블 붕괴 후 | 2002.10~2003.10 | +34% | +65% | 대형주 소외 |
| 금융 위기 후 | 2009.03~2010.04 | +68% | +93% | 강력한 반등 |
| 코로나19 팬데믹 | 2020.03~2021.03 | +75% | +122% | 유동성 효과 |

(출처: FTSE Russell data 기반 재구성)

## 금리 인하의 최대 수혜주

중소기업은 대기업보다 자금 사정이 넉넉지 않아 은행 대출에 의존하는 경향이 큽니다. 따라서 금리가 높을 때는 이자 부담으로 주가가 짓눌리지만, 금리가 인하되기 시작하면 가장 큰 혜택을 봅니다.

만약 연준(Fed)이 금리를 내리기 시작한다는 뉴스가 들리면, S&P 500보다 러셀 2000 ETF(IWM)를 담는 것이 단기적으로 더 높은 수익을 낼 수 있는 전략입니다.

## Action Plan, 미국 주식 포트폴리오 최적화 전략

지금까지 살펴본 3가지 지수를 우리 시스템에 어떻게 녹여 내야 할까요? 투자자의 성향과 자산 규모에 따라 '황금 비율'을 제안합니다.

### 포트폴리오 구성 모델
#### A. 심플형: "복잡한 건 싫다. 시장만 따라가겠다."

- S&P 500(100%): 가장 속 편하고 검증된 방법입니다. 워런 버핏이 아내에게 유언으로 남긴 '국채 10%, S&P 500 90%' 전략과 일맥상통합니다.
- 추천 상품: SPY, IVV, VOO(미국 상장) / TIGER 미국 S&P 500, KODEX 미국 S&P 500 TR(한국 상장)

#### B. 밸런스형: "성장과 안정을 모두 잡겠다."(추천)

- S&P 500(70%): 포트폴리오의 척추 역할을 합니다.
- 나스닥 100(20%): 수익률을 견인하는 엔진 역할을 합니다.
- 러셀 2000(10%): 경기 회복기의 보너스 및 분산 효과를 노립니다.

### C. 공격형: "변동성을 즐기며 고수익을 노린다."

- S&P 500(40%)+나스닥 100(40%)+러셀 2000(20%)
- 주의: 젊은 층이나 시드머니가 적은 투자자에게 적합하며, 하락장에서 -30% 이상 견딜 멘탈이 필요합니다.

## 리밸런싱 실행 가이드

우리의 원칙인 '연 2회(4월 / 10월) 리밸런싱' 때 미국 주식 내부에서도 비중 조절이 필요합니다.

- 상황: 지난 6개월간 기술주가 폭등하여 나스닥 100 비중이 목표치(20%)를 넘어 30%가 되었다.
- 행동: 나스닥 100을 일부 매도하여 수익을 확정 짓고, 상대적으로 덜 오른(또는 떨어진) S&P 500이나 러셀 2000을 추가 매수하여 비율을 맞춘다.
- 효과: 자연스럽게 '과열된 성장주 매도'와 '소외된 가치주 매수'가 이루어집니다.

## 환율 전략: 환노출 vs 환헤지

한국 투자자에게 미국 주식은 '달러 자산'입니다.

원칙: 기본적으로 '환노출(UH)' 상품을 추천합니다.

이유: 경제 위기가 오면 주가는 떨어지지만 달러 환율은 급등합니다. 환노출 상품은 환율 상승분이 주가 하락분을 상쇄해 주어 포트폴리오의 방어력을 높여 줍니다. (예: 2022년 미국 주식은 -20%였지만, 환율이 +15% 올라 원화 기준 손실은 -5%에 불과했음)

1. 미국 주식은 필수다: 100년간 연평균 10% 성장한 S&P 500은 자산 증식의 가장 확실한 수단이다.

2. S&P 500은 척추다: 포트폴리오의 50% 이상을 할당하여 안정성을 확보하라. 스스로 1등 기업을 갈아치우는 자정 작용을 믿어라.

3. 나스닥 100은 터보다: 기술 혁신의 과실을 누리기 위해 20~30%를 배분하라. 단, 높은 변동성은 감수해야 한다.

4. 러셀 2000은 기회다: 경기 침체 후 금리 인하기에 중소형주가 대형주를 압도하는 시기를 놓치지 마라.

5. 달러는 방패다: 환노출(UH) 투자를 통해 위기 시 자산 가치를 방어하라.

# 2. 한국 주식
## : '박스피'에 갇힌 기회를 낚아채라

"한국 시장은 투자자에게 인내심을 요구하지 않는다. 대신 냉철한 역발상(Contrarian)과 용기를 요구한다. 남들이 한국을 떠날 때가 바로, 당신이 한국을 사야 할 때다."

미국 주식이 '우상향의 믿음'으로 투자하는 대상이라면, 한국 주식은 철저하게 '변동성과 저평가'를 이용해 수익을 내는 대상입니다. 많은 투자자가 한국 시장은 '답이 없다'며 떠나지만, 우리 시스템 투자자에게 한국 시장은 '변동성'이라는 선물을 주는 최고의 사냥터입니다.

왜냐하면 한국 증시는 전 세계에서 가장 역동적으로 오르내리며, 주기적으로 '말도 안 되게 싼 가격(Deep Value)'을 제시하기 때문입니다. 이 챕터에서는 '박스권'에 갇힌 한국 시장에서 어떻게 스마트하게 수익을 뽑아낼 수 있는지, 그 비밀인 'PBR 1.0배의 법칙'을 심층 분석합니다.

### 한국 시장의 구조적 특징: 성장판이 닫힌 게 아니다

먼저 적을 알아야 합니다. 왜 코스피(KOSPI)는 S&P 500처럼 시원하게 오르지 못하고, 2,000~3,000포인트 사이를 지루하게 오가는 걸까요? 이를 이해해야만 한국 시장에서 승리할 수 있습니다.

### 경기 민감형 수출 주도 경제(Cyclical Economy)

미국은 내수 소비가 경제의 70%를 차지하는 반면, 한국은 수출이 경제를 이끕니다. 특히 한국의 시가총액 상위 기업들은 반도체(삼성전자, SK하이닉스), 자동차(현대차), 화학(LG화학), 철강(POSCO) 등 '경기 민감주(Cyclical Stocks)'로 구성되어 있습니다.

이 산업들의 특징은 실적이 사이클을 탄다는 것입니다.

- 호황기: 반도체 가격이 오르고 차가 잘 팔리면 이익이 폭증하고 주가도 폭등합니다.
- 불황기: 글로벌 경기가 식으면 이익이 반토막 나고 주가도 곤두박질칩니다.

미국 빅테크(구글, MS)처럼 구독 모델을 통해 꾸준히 돈을 버는 것이 아니라, 글로벌 경기에 따라 실적이 널뛰기 때문에 주가 역시 '상승과 하락을 반복하는 박스권'을 형성할 수밖에 없습니다.

### 코리아 디스카운트(The Korea Discount)

한국 주식은 전 세계에서 가장 쌉니다. 주가수익비율(PER)이나 주가순자산비율(PBR)로 볼 때, 신흥국 평균보다도 낮은 평가를 받습니다. 이를 '코리아 디스카운트'라고 합니다.

- 지배 구조 문제: 재벌 중심의 불투명한 의사 결정과 낮은 주주 환원율.

나는 50살에 진짜 투자를 시작했다

- 지정학적 리스크: 북한과의 대치 상황.
- 낮은 배당 성향: 이익을 주주에게 나눠 주기보다 사내 유보금으로 쌓아
  두는 경향.

하지만 역설적으로 이 '디스카운트' 때문에 기회가 생깁니다. 기업의 내재 가치보다 주가가 훨씬 싸게 거래되는 구간이 자주 발생하기 때문입니다.

### 외국인의 ATM? 아니, 우리의 ATM!

한국 시장은 외국인 투자자들에게 '현금인출기(ATM)'로 불립니다. 유동성이 좋고 개방되어 있어, 글로벌 위기가 오면 외국인들이 가장 먼저 한국 주식을 팔아 현금을 챙겨 나가기 때문입니다.

그래서 한국 증시는 글로벌 이슈에 과민 반응 하여 '펀더멘털보다 더 깊게' 하락하는 경향이 있습니다.

이것이 핵심입니다. 외국인이 공포에 질려 던지고 나간 그 헐값에, 우리는 주식을 주워 담아야 합니다. 한국 시장은 장기 보유(Buy&Hold)보다는, 저평가 구간 매수&적정 가치 매도(Trading&Rebalancing) 전략이 훨씬 유효한 시장입니다.

### 필승의 지표: PBR 1.0배의 법칙

한국 주식을 언제 사고 언제 팔아야 할까요? 복잡한 차트 분석은 필요 없습니다. 단 하나의 지표, PBR(주가순자산비율)만 기억하면 됩니다.

## PBR이란 무엇인가?

PBR(Price to Book Ratio)= 주가 / 주당 순자산

쉽게 말해, PBR이 1.0배라는 것은 '기업의 시가총액이 그 기업이 가진 재산(공장, 기계, 현금, 땅)을 다 파는 값과 똑같다'는 뜻입니다. 이를 '청산 가치'라고 합니다.

- PBR 〉 1.0: 기업의 미래 성장성을 인정받아 자산 가치보다 비싸게 거래됨.
- PBR 〈 1.0: 기업이 당장 망해서 자산을 다 팔아 주주들에게 나눠 주는 돈보다도 싸게 거래됨.

대한민국 대표 기업들의 묶음인 KOSPI 지수의 PBR이 1.0배 미만으로 떨어진다는 것은, '대한민국이라는 주식회사가 망해도 건질 수 있는 돈보다 더 싸게 팔리고 있다'는, 비이성적인 저평가 상태를 의미합니다.

### 역사적 데이터: PBR 1.0배는 무조건 바닥이었다

지난 20년의 데이터를 분석해 보면, 코스피 PBR이 1.0배 수준(또는 그 이하)으로 내려왔을 때는 예외 없이 '역사적 최저점'이었습니다. 이때 용기를 내어 주식을 산 사람은 1~2년 뒤 반드시 큰 수익을 거뒀습니다.

[표 4-4] 코스피 위기 시 PBR 수준과 이후 수익률

| 위기 상황(시기) | 당시 KOSPI PBR | 당시 지수 (저점) | 1~2년 후 지수 (고점) | 수익률 |
|---|---|---|---|---|
| IMF 외환위기(1998) | 0.4배 | 280 pt | 1,000 pt | +250% |
| 카드 대란(2003) | 0.8배 | 512 pt | 930 pt | +80% |
| 금융 위기(2008) | 0.9배 | 890 pt | 2,200 pt | +140% |
| 미중 무역 분쟁 (2018) | 0.85배 | 1,980 pt | 2,200 pt | +15% |
| 코로나19 팬데믹 (2020) | 0.6배 | 1,439 pt | 3,300 pt | +130% |
| 고금리 / 긴축(2022) | 0.9배 | 2,130 pt | 2,600 pt | +25% |

(출처: KRX 한국거래소 통계 데이터 재구성)

위 표에서 볼 수 있듯이, 코스피 PBR이 1.0배 밑으로 떨어지는 순간은 '대바겐세일' 기간입니다. 10년에 한두 번 올까 말까 한 이 시기에 우리는 한국 주식 비중을 공격적으로 늘려야 합니다.

## 실전 전략: 저평가 시기 확대(Dynamic Allocation)

우리의 기본 포트폴리오에서 한국 주식 비중은 10~20%입니다. 하지만 PBR 지표에 따라 이 비중을 고무줄처럼 탄력적으로 조절하는 것이 이 전략의 핵심입니다.

## 평상시(PBR 1.1배 이상): '지키는 투자'

- 상태: 시장이 정상이거나 과열된 상태.

- 비중: 전체 자산의 10% 유지.

- 전략: KOSPI 200 ETF를 적립식으로 조금씩 모아 가거나, 리밸런싱 때 비중을 맞춰 줍니다. 무리하게 한국 주식을 늘릴 필요가 없습니다. 미국 주식의 성장성에 집중합니다.

## 기회의 시기(PBR 1.0배 이하): '공격적 매수'

- 상태: 뉴스에서 '코스피 붕괴', '외국인 엑소더스', '경제 위기'라는 말이 도배될 때.

- 비중: 전체 자산의 15~25%로 확대.

- 전략:

  - 한국거래소(KRX)나 증권사 앱에서 현재 코스피 PBR을 확인합니다.

  - PBR이 1.0배를 깨고 내려가는 순간(예: 0.95배), 리밸런싱을 통해 안전 자산(채권 / 달러)을 팔고 한국 주식(KOSPI 200)을 대거 매수합니다.

  - PBR이 0.9배, 0.8배로 더 떨어지면? "감사합니다"를 외치며 여유자금까지 투입해 비중을 더 늘립니다. 이는 역사적으로 실패할 확률이 거의 없는 베팅입니다.

## 수확의 시기(PBR 1.1~1.3배 회복): '이익 실현'

- 상태: 위기가 지나고 경기가 회복되어 지수가 급등할 때. 외국인이 다시 돌아오고 개미들이 빚내어 투자(신용융자)할 때.

- 비중: 다시 10%로 축소.

- 전략: 늘려 놨던 비중을 줄여 수익을 확정 짓습니다. 번 돈으로 다시 저

평가된 채권이나 미국 주식을 삽니다. 한국 시장은 영원히 오르지 않습니다. 박스권 상단에 오면 미련 없이 떠나야 합니다.

## 무엇을 살 것인가?(Instrument Selection)

개별 종목(삼성전자, 카카오 등) 투자는 권장하지 않습니다. 한국 시장은 개별 기업의 리스크(횡령, 분할 상장, 경영 승계 이슈)가 너무 크기 때문입니다. 우리는 시장 전체(Index)를 삽니다.

### KOSPI 200 TR ETF(강력 추천)

우리가 사야 할 상품은 'KOSPI 200 TR' 추종 ETF입니다.

- KOSPI 200: 한국을 대표하는 상위 200개 우량 기업(삼성전자, SK하이닉스, 네이버 등)에 분산 투자.
- TR(Total Return): 배당금을 투자자에게 주지 않고, 알아서 재투자해 주는 상품.
  - 장점: 배당소득세(15.4%)를 당장 내지 않고 투자 원금에 합쳐져 복리로 굴러가는 '과세 이연 효과'가 극대화됩니다. 연금 계좌에서 운용하기에 최적입니다.
  - 추천 티커: KODEX 200TR, TIGER 200TR 등.

### 코스닥(KOSDAQ)은 어떤가요?

코스닥은 변동성이 코스피보다 훨씬 큽니다. 바이오, 엔터, 2차 전지 등 테마주 중심이라 거품이 꼈다 빠지는 속도가 매우 빠릅니다.

- 초보자: 코스닥은 건드리지 마십시오. KOSPI 200만으로도 충분합니다.
- 숙련자: PBR 전략과 동일하게, 코스닥 지수가 폭락하여 시장이 공포에 빠졌을 때만 'KOSDAQ 150 ETF'를 전체 비중의 5% 이내로 소량 편입 하는 것은 유효합니다.

## 심층 분석: 왜 한국 시장은 장기 투자 하면 안 되나요?

많은 분이 묻습니다.
"삼성전자 10년 들고 있으면 무조건 버는 거 아닌가요?"
물론 삼성전자는 훌륭한 기업입니다. 하지만 한국 시장 전체로 보면 '장기 박스권'의 역사가 너무 깁니다.

### 잃어버린 10년(2011~2020)

2011년 코스피는 2,200포인트를 찍었습니다. 그리고 2020년 코로나19 직전까지, 약 10년 동안 코스피는 1,800~2,200 사이를 오가는 지루한 횡보장(박스피)을 겪었습니다.
같은 기간 미국 S&P 500은 3배 가까이 올랐습니다. 한국 주식만 믿고 10년을 버틴 투자자는 상대적 박탈감에 시달려야 했습니다.

### 주주 환원의 부재

미국 기업은 돈을 벌면 배당을 늘리고 자사주를 소각해 주가를 올

　　　　　　　　　나는 50살에 진짜 투자를 시작했다

럽니다. 한국 기업은 돈을 벌면 땅을 사거나 문어발식으로 자회사를 늘립니다(물적 분할). 그리고 그 자회사를 또 상장시켜 모회사의 주주 가치를 희석시킵니다. 이것이 '코리아 디스카운트'의 근본 원인입니다.

### 한국은 '트레이딩'의 영역이다

따라서 한국 주식은 '사서 묻어 두는(Buy&Hold)' 자산이 아닙니다. '쌀 때 사서 제값 받으면 파는(Trading)' 자산입니다.

우리의 자동 투자 시스템은 연 2회 리밸런싱을 통해 이 트레이딩을 기계적으로 수행하게 해줍니다.

- 4월에 코스피가 비싸면 팔고(Sell High)
- 10월에 코스피가 싸면 삽니다(Buy Low)

이것이 한국 시장의 단점(높은 변동성, 박스권)을 장점으로 승화시키는 유일한 방법입니다.

### 시뮬레이션: 2020년 코로나19 위기, 이 전략을 썼다면?

과거로 돌아가 시뮬레이션을 해 봅시다.

- 2020년 1월: 코스피 2,200 pt(PBR 약 0.95배)
  - 행동: 평상시 비중(10%) 유지.
- 2020년 3월 19일: 코스피 1,439 pt로 대폭락(PBR 0.6배 진입)

- 시장 상황: '코스피 1,000 간다', '한국 경제 망했다'는 공포 뉴스 도배.

- 시스템 행동: PBR이 역사적 저점인 0.6배까지 떨어짐.

- 실행: 채권(당시 가격 급등)을 팔아 현금을 마련한 뒤, 코스피 비중을 10% → 25%까지 대폭 확대. (저점 풀매수)

• 2021년 1월: 코스피 3,000 pt 돌파. (PBR 1.3배 도달)

- 시장 상황: '코스피 4,000 간다', 전 국민 주식 열풍.

- 시스템 행동: PBR이 과열권 진입. 목표 비중(10%)을 초과한 15%p 이상의 수익분을 전량 매도.

- 결과: 약 1년 만에 100% 이상의 수익률을 확정 짓고 유유히 시장을 빠져나옴.


이것이 바로 감정을 배제한 시스템 투자의 위력입니다. 공포에 사고, 환희에 파는 것. 말은 쉽지만 행동은 어렵습니다. 하지만 'PBR 1.0배'라는 명확한 기준이 있다면 당신도 할 수 있습니다.

1. 한국은 박스피다: 장기 우상향을 맹신하지 마라. 변동성을 이용해 사고파는 전략이 유효하다.

2. PBR 1.0배는 진리다: 코스피 PBR이 1배 밑으로 떨어지면 대한민국이 망하지 않는 한 무조건 돈을 버는 기회다. (0.8배, 0.9배는 강력 매수 신호)

3. 역발상 투자를 하라: 외국인이 한국을 'ATM' 취급하며 팔고 떠날 때가, 우리가 그들의 굴량을 헐값에 받아낼 골든타임이다.

4. 상품은 ETF로: 개별 종목 리스크를 피하기 위해 KOSPI 200 TR ETF를 활용해라.

5. 비중 조절: 평소엔 10%, 저평가 위기 시엔 20~25%까지 늘렸다가, 정상화되면 다시 줄여라.

# 3. 채권
## : 경제의 사계절을 견디는 '절대 방패'

"주식이 '잘 먹는 것(수익)'에 관한 문제라면, 채권은 '잘 자는 것(안정)'에 관한 문제다."

많은 개인 투자자가 주식(공격수)에는 열광하지만, 채권(수비수)은 '재미없다', '수익률이 낮다'며 무시합니다. 하지만 2008년 금융 위기나 2020년 코로나19 팬데믹 때 계좌가 반토막 나는 것을 막아 주고, 재기의 발판을 마련해 준 일등 공신은 바로 채권이었습니다.

채권은 단순히 이자를 받는 저금통이 아닙니다. 금리 사이클을 타면 주식 못지않은 시세 차익(Capital Gain)을 낼 수 있는 강력한 무기입니다. 이 챕터에서는 채권의 작동 원리를 아주 쉽게 이해하고, 금리 변동기에 '10년물'과 '30년물'을 섞어 쓰는 고급 전략을 마스터해 봅니다.


### 채권의 기초: 이것만 알면 상위 1%(Bond 101)

채권 투자가 어려운 이유는 용어가 낯설기 때문입니다. 하지만 딱 두 가지 원리만 기억하면 됩니다.

## 채권은 '차용증'이다

채권(Bond)은 정부나 기업이 돈을 빌리고 써 준 '차용증'입니다.

- 국채: 국가(미국, 한국)가 돈을 빌린 것. (가장 안전함)
- 회사채: 기업(애플, 삼성전자)이 돈을 빌린 것. (조금 위험함)

우리가 미국 국채를 산다는 것은, 미국 정부에 돈을 빌려주고 '매년 꼬박꼬박 이자(쿠폰)를 받고, 만기에 원금을 돌려받을 권리'를 사는 것입니다.

## 시소의 법칙: 금리와 채권 가격은 반대로 움직인다

이것이 채권 투자의 핵심입니다. 금리가 오르면 채권 가격은 떨어지고, 금리가 내리면 채권 가격은 오릅니다. 왜 그럴까요? 아주 쉬운 예를 들어 봅시다.

- 상황: 당신은 작년에 이자 1%를 주는 1만 원짜리 채권을 샀습니다.
- 변화: 올해 금리가 올라서, 새로 발행되는 채권은 이자 5%를 줍니다.
- 결과: 사람들은 당신이 가진 '1%짜리 헌 채권'을 아무도 안 사려고 합니다. "옆에 가면 5% 주는데 누가 이걸 사요?"
- 해결: 당신이 이 채권을 팔려면 가격을 깎아 줘야 합니다. "알겠어요. 1만 원짜리지만 9,000원에 드릴게요."

즉, 시중 금리가 오르면 내가 가진 기존 채권의 매력이 떨어져서 가격(Price)이 폭락합니다. 반대로 금리가 내리면 내 채권의 가치가 올라가 가격이 폭등합니다.


## 듀레이션(Duration): 채권의 '민감도' 조절기

채권 투자의 고수가 되기 위해 반드시 알아야 할 단어가 있습니다. 바로 '듀레이션(Duration)'입니다. 어렵게 생각할 것 없이 '만기까지 남은 시간'이라고 이해하면 됩니다.

### 긴 놈(30년) vs 짧은 놈(2년)

듀레이션이 길수록(만기가 많이 남을수록) 금리 변화에 따른 가격 변동 폭이 훨씬 큽니다.

- 단기채(만기 1~3년): 금리가 변해도 가격이 별로 안 변합니다. (안전, 현금 대용)
- 장기채(만기 10년~30년): 금리가 조금만 변해도 가격이 널뛰기를 합니다.

  (고수익 / 고위험)

[표 4-5] 금리 1% 변동 시 채권 가격 변화(듀레이션 효과)

(※ 실제 시장 상황에 따라 오차 있음)

| 구분 | 듀레이션(약) | 금리 1% 하락 시 가격 | 금리 1% 상승 시 가격 |
|---|---|---|---|
| 단기채(SHV) | 0.3년 | +0.3% | -0.3% |
| 중기채(IEF) | 7~8년 | +8.0% | -8.0% |
| 장기채(TLT) | 17~18년 | +18.0% | -18.0% |
| 초장기채(EDV) | 24~25년 | +25.0% | -25.0% |

나는 50살에 진짜 투자를 시작했다

이 표를 머릿속에 넣어 두십시오.

경기가 나빠져서 금리가 내려갈 것 같으면 '장기채(30년)'를 사서 +20~30% 대박을 노려야 하고, 금리가 오를 것 같으면 '단기채'로 도망가서 방어해야 합니다.

## 실전 전략 1: 금리 인하기(Recession & Cut)

경기가 침체되고(Recession), 중앙은행이 "경기를 살리기 위해 금리를 내리겠습니다."라고 선언하는 시기입니다. 이때 채권은 주식보다 더 강력한 수익을 안겨 주는 '슈퍼 히어로'가 됩니다.

### 전략: 장기채(30년물)로 공격하라

금리가 떨어지면 채권 가격은 오릅니다. 특히 듀레이션이 긴 30년물 국채는 가격이 폭등합니다.

- 2008년 금융 위기: 주식이 반토막 날 때, 미국 10년물 국채는 +20% 수익을 냈습니다.
- 2020년 코로나19 팬데믹: 3월 한 달 동안 미국 장기 국채 ETF(TLT)는 단기간에 +20% 이상 급등했습니다.

주식이 폭락할 때 내 계좌를 지켜 주는 유일한 자산은 '금(Gold)'과 '미국 장기 국채'뿐입니다.

**Action Plan**

- 신호: 실업률이 치솟고, 뉴스에서 '경제 위기', '금리 인하' 이야기가 나
  올 때.
- 행동: 리밸런싱을 통해 미국 장기채 ETF(TLT, SPTL) 비중을 20% →
  30~40%로 대폭 늘립니다.

## 실전 전략 2: 금리 상승기(Inflation & Hike)

반대로 경기가 너무 좋아서 물가가 치솟고(Inflation), 중앙은행이 "물가를 잡기 위해 금리를 올리겠습니다."라고 하는 시기입니다. 채권 투자자에게는 지옥과 같은 시기입니다.

### 전략: 단기채로 숨어라(Cash is King)

2022년이 대표적입니다. 연준이 기준 금리를 0%에서 5%대로 급격히 올리자, 안전 자산이라던 미국 장기채(TLT) 가격이 -30% 이상 폭락했습니다. 주식과 채권이 같이 떨어지는 최악의 해였습니다.

이때 30년물을 들고 있으면 계좌가 녹아내립니다. 금리 인상기에는 듀레이션이 짧은 단기채(1년 미만)나 파킹통장(CMA)으로 피신해야 합니다. 단기채는 금리가 올라도 가격 하락 폭이 미미하고, 오히려 높아진 이자를 챙길 수 있습니다.

**Action Plan**

- 신호: 물가 상승률(CPI)이 높게 나오고, 연준 의장이 '긴축(Tightening)'을

언급할 때.

- 행동: 장기채를 전량 매도하고 초단기채 ETF(SHV, BIL, SGOV)나 달러 현금으로 갈아탑니다.

## 고급 기술: 10년 / 30년 바벨 전략(Barbell Strategy)

"금리가 오를지 내릴지 도저히 모르겠어요."

그럴 때 사용하는 프로들의 전략이 바로 '바벨 전략'입니다. 역기(Barbell)처럼 양쪽 끝에 무게를 싣는다는 뜻입니다.

### 구성: 극단적인 조합

- 초단기채(안전): 전체 채권의 50%. 금리 인상 위험을 방어하고 현금 유동성을 확보함.
- 초장기채(수익): 전체 채권의 50%. 혹시 모를 경제 위기 시 폭등하여 주식 손실을 상쇄함.
- 중기채(10년물): 0%. 애매한 중간은 버립니다.

이 전략을 쓰면 평소에는 단기채에서 이자를 챙기다가, 위기가 오면 장기채가 터져 주기 때문에 어떤 상황에서도 유연하게 대처할 수 있습니다.

# 종합: 채권 포트폴리오 구성 가이드

자산 규모와 성향에 따른 채권 세팅법입니다.

## 초급: "복잡한 건 싫어"

- 종합채권 ETF(AGG, BND): 미국 전체 채권 시장(국채+회사채, 단기+장기)을 다 섞어 놓은 비빔밥 같은 상품.
- 비중: 채권 자산의 100%. 고민할 필요 없이 시장 평균 수익을 가져갑니다.

## 중급: "위기 방어에 집중하겠다"(추천)

- 미국 국채 10년물(IEF): 가장 표준적인 안전 자산. 주식과 역상관(반대로 움직임) 관계가 가장 뚜렷합니다.
- 비중: 채권 자산의 100%.

## 고급: "금리 사이클을 타겠다"

- 평상시: 10년물(IEF) 50%+30년물(TLT) 50%

  금리 인상 예상 시: 단기채(SHV) 70%+장기채(TLT) 30%(방어 모드)
- 금리 인하 예상 시: 장기채(TLT) 80%+단기채(SHV) 20%(공격 모드)

## Action Plan: 채권 매매 원칙

- 채권은 주식을 위한 '에어백'이다. 수익률 욕심보다 '미국 국채(Treasury)' 위주로 안전하게 구성하라. (회사채는 주식 폭락할 때 같이 폭락해서 방어 효과가 떨어짐)

나는 50살에 진짜 투자를 시작했다

- 환노출(UH) 상품을 사라. 위기 시 달러 가치 상승+국채 가격 상승의 더블 이익을 노려라.

- 연금 계좌에서는 'KOSEF 국고채 10년'이나 'TIGER 미국채 10년 선물' 같은 국내 상장 ETF를 활용하라.

### 🏔️ 핵심 요약

1. 채권은 시소다: 금리가 오르면 채권 값은 똥값이 되고, 금리가 내리면 금값이 된다.

2. 듀레이션은 레버리지다: 30년물은 변동성이 주식만큼 크다. 야수의 심장을 가진 자만이 위기 시 30년물을 풀매수한다.

3. 2022년을 기억하라: 금리 인상기에는 장기채도 안전하지 않다. 단기 채로 대피하는 유연함이 필요하다.

4. 포트폴리오의 40%: 채권이 없는 주식 투자는 브레이크 없는 자동차와 같다. 반드시 자산의 30~40%는 채권에 할당하여 '생존'을 확보하라.

# 4. 금
## : 불확실성의 시대를 건너는 '불멸의 화폐'

"금은 아무것도 하지 않는다. 이자도, 배당도 없다. 하지만 세상이 공포에 질려 모든 것이 무너져 내릴 때, 유일하게 빛나는 것은 금뿐이다."

우리는 앞서 공격수(주식)와 미드필더(채권)를 배치했습니다. 이제 골문을 지킬 골키퍼가 필요합니다. 바로 '금(Gold)'입니다.

많은 투자자가 금 투자를 망설입니다. 워런 버핏조차 "금은 아무런 생산성이 없는 자산"이라며 비판했습니다. 하지만 역사는 말해 줍니다. 종이돈(화폐)의 가치가 휴지 조각이 될 때, 제국의 흥망성쇠가 갈릴 때, 투자자의 구매력을 온전히 보존해 준 유일한 자산은 금이었다는 사실을 말입니다.

이 챕터에서는 금이 왜 단순한 원자재가 아니라 '진짜 돈(Real Money)'인지 그리고 위기의 순간마다 금이 어떻게 포트폴리오를 구원했는지 확인해 보겠습니다.

### 금의 본질: '수익'이 아니라 '생존'이다

금 투자의 목적을 명확히 해야 합니다. 금은 대박 수익을 내기 위한 수단이 아닙니다. 금은 '화폐 가치 하락(인플레이션)'과 '시스템 붕괴(금융 위기)'라는 최악의 시나리오를 대비한 보험(Insurance)입니다.

### 5,000년의 신뢰(Store of Value)

인류 역사상 수천 개의 화폐가 생겨나고 사라졌습니다. 로마의 데나리우스부터 바이마르 공화국의 마르크화, 짐바브웨 달러까지, 정부가 보증했던 모든 종이돈은 결국 가치가 '0'에 수렴했습니다.

하지만 금은 5,000년 전이나 지금이나 변함없는 구매력을 유지하고 있습니다.

- 기원전 로마: 금 1온스로 최고급 토가(옷) 한 벌과 가죽신을 살 수 있었습니다.
- 2025년 현재: 금 1온스(약 3,500달러)로 최고급 정장 한 벌과 구두를 살 수 있습니다.

금은 가치가 오르는 것이 아닙니다. 금은 그대로인데, 달러와 원화가 녹아내리며 금의 가격표를 올려놓은 것입니다.

### 무위험 자산의 역설

우리는 미국 국채를 '무위험 자산(Risk-free Asset)'이라고 부릅니다. 하지만 여기에는 '미국 정부가 망하지 않는다'는 전제가 깔려 있습니다. 만약 미국이 감당할 수 없는 빚더미에 앉거나 달러 패권이 흔들린다면? 국채도 안전하지 않습니다.

반면 금은 '누군가의 빚(Liability)'이 아닌 유일한 실물 자산입니다.

발행 주체가 없으므로 부도 위험도 없습니다. 이것이 전 세계 중앙은행들이 위기 때마다 달러를 팔고 금을 사 모으는 이유입니다.

## 역사적 검증: 위기 때마다 폭발했다

"경제가 좋으면 주식이 오르고, 나쁘면 채권이 오른다."

이것이 일반적인 공식입니다. 하지만 주식과 채권이 동시에 무너지는 '복합 위기'가 닥치면 어떻게 될까요? 그때가 바로 금의 독무대입니다.

### 1970년대 스태그플레이션(The Great Inflation)

1971년 닉슨 쇼크로 금본위제가 폐지되고 오일쇼크가 덮치면서 물가가 미친 듯이 치솟았습니다. 주식과 채권은 10년간 죽을 쑤었지만, 금은 역사상 가장 강력한 랠리를 펼쳤습니다.

- 1971년: 금 1온스= $35
- 1980년: 금 1온스= $850
- 수익률: 9년 만에 +2,300% 상승

인플레이션이 통제 불능 상태에 빠지자 사람들은 종이돈을 버리고 실물인 금으로 달려갔습니다.

### 2008년 글로벌 금융 위기(The Great Recession)

리먼 브라더스가 파산하며 전 세계 금융 시스템이 붕괴 직전에 몰렸습니다.

- 초기(2008년 초~10월): 금 가격도 -30% 하락했습니다. (유동성 위기로 현금 확보를 위해 금까지 투매)
- 후기(2008년 말~2011년): 연준이 양적 완화(QE)로 돈을 풀기 시작하자 금은 +166% 폭등하며 2011년 $1,900를 돌파했습니다.
- 비교: 같은 기간 S&P 500은 반토막이 났다가 원금을 회복하는 데 그쳤지만, 금 투자자는 자산을 3배로 불렸습니다.

### 2022년 인플레이션과 전쟁(Ukraine War)

주식(-20%)과 채권(-17%)이 동반 폭락 하며 '60/40 포트폴리오'가 박살 났던 해입니다. 하지만 금은 -0.3%로 가격을 방어했습니다. 달러 강세(킹달러) 속에서도 가치를 지켜 낸 것입니다. 특히 원화 기준 금값은 환율 상승 덕분에 오히려 + 수익을 기록했습니다.

### 2024~2025년 지정학적 위기(New Cold War)

러시아-우크라이나 전쟁 장기화, 미중 갈등 심화 그리고 각국 중앙은행의 탈(脫)달러 움직임이 겹치면서 금은 새로운 전성기를 맞았습니다.

2025년 금 가격은 온스당 $3,500를 돌파하며 사상 최고가를 경신했습니다. 주식 시장이 고금리와 침체 공포에 떨고 있을 때, 금은 '신뢰의 피난처'로써 그 위상을 증명했습니다.

## 상관관계의 마법: 포트폴리오의 안정제

금 투자의 진정한 가치는 수익률 자체가 아니라 '낮은 상관관계(Low Correlation)'에 있습니다.

[표 4-6] 주요 자산 간 상관계수(지난 20년 평균)

(-1에 가까울수록 반대로 움직임, 0은 무관함)

| 자산 조합 | 상관계수 | 의미 |
|---|---|---|
| 미국 주식 vs 한국 주식 | +0.7~+0.8 | 같이 움직임(분산 효과 낮음) |
| 미국 주식 vs 미국 채권 | -0.2~-0.4 | 반대로 움직임(분산 효과 좋음) |
| 미국 주식 vs 금 | 0.0~+0.1 | 거의 관계없음(독자적 움직임) |

금이 주식과 '상관없다(0)'는 뜻은, 주식이 오르든 내리든 금은 제 갈 길을 간다는 것입니다.

하지만 시장이 공포(Panic)에 빠지는 구간에서는 금과 주식의 상관관계가 급격히 '음수(-)'로 변합니다. 즉, 주식이 폭락할 때 금이 튀어올라 전체 계좌의 손실을 메워 줍니다.

### 시뮬레이션: 금 10% 섞었을 때의 효과

- A 포트폴리오: 주식 60%+채권 40%
- B 포트폴리오: 주식 55%+채권 35%+금 10%

백테스트 결과, B 포트폴리오(금 포함)가 A 포트폴리오보다 수익률은 비슷하면서 최대 낙폭(MDD)은 3~5%p 더 낮았습니다. 이 5%의 차이가 폭락장에서 멘탈을 지키고 투자를 지속하게 만드는 결정적 차이입니다.

## 실전 투자 가이드: 금을 사는 스마트한 방법

"금은방 가서 금괴를 사야 하나요?"

아닙니다. 실물 금은 부가가치세(10%)와 세공비, 보관의 위험이 있습니다. 우리는 금융 시장에서 금을 거래합니다.

### KRX 금시장(가장 강력 추천)

한국거래소(KRX)가 운영하는 금 거래소입니다. 주식 계좌에서 주식처럼 사고팔 수 있습니다.

- 장점:
  - 매매차익 비과세: 금값이 2배가 되어도 세금을 한 푼도 안 냅니다. (가장 큰 장점)
  - 부가가치세 면제: 실물로 인출하지 않는 한 부가세(10%)가 없습니다.
  - 수수료 저렴: 0.3% 내외 로 ETF보다 저렴합니다.
  - 단점: 달러 환율 효과가 반영되지만(환노출), 달러로 직접 사는 것은 아닙니다.

## 금 현물 ETF(미국 상장)

달러로 직접 투자하고 싶다면 미국 ETF를 추천합니다.

- 티커: GLD(대표적, 수수료 높음), IAU(수수료 저렴, 개인 추천), GLDM(가장 저렴)
- 장점: 달러 자산으로 보유 가능. 유동성이 매우 풍부함.
- 단점: 매매차익에 대해 양도소득세 22%가 부과됩니다. (연 250만 원 공제 후)

## 개인 연금 계좌에서는?

연금 저축이나 IRP에서는 'KODEX 골드 선물(H)' 같은 선물형 ETF 나 'ACE KRX 금 현물' ETF를 담을 수 있습니다.

- 추천: 'ACE KRX 금 현물'. 선물(Futures)이 아닌 현물(Spot)을 추종하므로 롤오버 비용이 없고, 퇴직 연금 계좌에서도 매수가 가능합니다.

[표 4-7] 금 투자 방법 비교 및 추천

| 구분 | KRX 금시장 | 미국 금 ETF(IAU) | 국내 상장 ETF(ACE) |
|---|---|---|---|
| 세금 | 완전 비과세(Best) | 양도세 22% | 배당소득세 15.4%(과세 이연 가능) |
| 거래 통화 | 원화(환율 반영) | 달러 | 원화 (환율 반영) |
| 추천 대상 | 일반 계좌 투자자 | 달러 보유자 | 연금/IRP 계좌 |

# Action Plan, 금 투자 원칙과 리밸런싱

금은 얼마나, 언제 사야 할까요?

## 비중의 원칙: "5~10% 룰"

- 최소 5%: 포트폴리오의 윤활유 역할을 합니다. 없으면 아쉽고, 있으면 든든한 수준입니다.
- 최대 10%: 경제 위기가 강력하게 예상될 때 늘립니다. 그 이상은 추천하지 않습니다. 금은 이자를 주지 않기 때문에 비중이 너무 크면 포트폴리오의 전체 수익률을 갉아먹을 수 있습니다.

## 리밸런싱 전략: 위기 때 팔아서 주식을 사라

금 투자의 하이라이트는 '위기 시 리밸런싱'입니다.

- 상황: 금융 위기가 터져서 주식이 -30% 폭락했습니다. 반면, 공포 심리로 금값은 +20% 폭등했습니다.
- 행동: 비싸진 금을 일부 매도(이익 실현)합니다. 그리고 그 돈으로 헐값이 된 주식을 매수합니다.
- 효과: 금은 당신에게 '주식이 가장 쌀 때 살 수 있는 현금(실탄)'을 만들어 주는 역할을 수행했습니다. 이것이 금의 진짜 용도입니다.

1. 금은 돈이다: 5,000년간 가치가 보존된 유일한 실물 화폐다. 인플레이션과 화폐 가치 하락의 피난처다.

2. 위기에 강하다: 2008년, 2020년, 2022년 등 주식과 채권이 흔들릴 때 금은 계좌를 지켰다.

3. 상관관계 제로: 주식 시장의 등락과 무관하게 움직여 분산 투자 효과를 극대화한다.

4. 세금을 아껴라: 일반 계좌라면 KRX 금시장(비과세), 연금 계좌라면 금 현물 ETF를 활용하라.

5. 비중은 10% 이내: 주연이 아니라 조연이다. 위기 시 매도하여 주식을 싸게 사는 '조커'로 활용하라.

# 5. 비트코인
## : 4년마다 찾아오는 부의 추월차선

"비트코인은 쥐약의 제곱(Rat Poison Squared)이다."

— 워런 버핏(비판론)

"비트코인은 디지털 금(Digital Gold)이다."

— 래리 핑크(옹호론)

극단적인 찬사와 비난이 공존하는 자산, 비트코인.

하지만 투자자로서 우리가 주목해야 할 것은 철학적 논쟁이 아닙니다. 비트코인이 지난 15년간 보여 준 압도적인 수익률과 경이로운 규칙성(Cycle)입니다.

비트코인은 주식이나 채권과 다릅니다. 기업의 실적도, 이자도 없습니다. 오직 '공급량 감소(반감기)'라는 수학적 알고리즘에 의해 가격이 결정됩니다. 이 알고리즘이 만드는 '4년 주기 사이클'을 이해한다면, 비트코인은 도박이 아니라 가장 확률 높은 투자가 됩니다.

이 챕터에서는 비트코인의 '반감기 사이클(Halving Cycle)'을 해부하고, '3년 투자하고 1년 쉬는' 필승 전략을 공개합니다.

## 반감기(Halving): 가격 폭등의 방아쇠

비트코인의 창시자 사토시 나카모토는 비트코인의 인플레이션을 막기 위해 천재적인 규칙을 심어 놓았습니다. 바로 '약 4년마다 채굴 보상이 절반으로 줄어든다'는 반감기입니다.

### 공급 충격(Supply Shock)

금이 귀한 이유는 캐내기 어렵기 때문입니다. 비트코인은 4년마다 캐내기가 2배 더 어려워집니다. 수요는 그대로인데(또는 늘어나는데) 공급이 갑자기 절반으로 뚝 끊기면 가격은 어떻게 될까요? 폭등할 수밖에 없습니다.

[표 4-8] 역대 비트코인 반감기 일지와 채굴 보상 변화

| 차수 | 날짜 | 블록당 보상 | 공급 감소율 | 비고 |
|---|---|---|---|---|
| 1차 | 2012년 11월 28일 | 50 BTC → 25 BTC | -50% | 첫 번째 충격 |
| 2차 | 2016년 7월 9일 | 25 BTC → 12.5 BTC | -50% | 대중화 시작 |
| 3차 | 2020년 5월 11일 | 12.5 BTC → 6.25 BTC | -50% | 기관 투자 유입 |
| 4차 | 2024년 4월 20일 | 6.25 BTC → 3.125 BTC | -50% | ETF 시대 개막 |

### 4년 주기의 패턴: 상승 3년, 하락 1년

과거 데이터를 분석하면 소름 끼칠 정도로 정확한 패턴이 발견됩니

다. 반감기가 발생한 해를 기점으로 가격이 움직입니다.

- 반감기 전년도: 바닥을 다지며 회복(Recovery)
- 반감기 당해: 전고점 돌파 시도 및 상승(Rally)
- 반감기 다음 해: 폭찰적인 상승 및 버블 형성(Bubble)
- 반감기 2년 후: 거품 붕괴 및 대폭락(Crash)

즉, '상승-상승-폭등-폭락'의 4박자가 반복됩니다. 우리는 폭등장까지 3년을 즐기고, 폭락장 1년은 현금을 들고 휴가를 떠나면 됩니다.

## 과거 사이클 심층 분석: 역사는 반복된다

"이번엔 다르다(This time is different)"는 말은 투자에서 가장 비싼 거짓말입니다. 비트코인 역사는 놀랍도록 유사하게 반복되었습니다.

### 1차 사이클(2012년 관감기)

- 반감기: 2012년 1월($12)
- 상승기(2013년): 빈감기 다음 해, 비트코인은 $13에서 $1,100까지 치솟았습니다. 수익률 약 9,000%.
- 하락기(2014년): ㅁ 운트곡스 해킹 사태 등으로 거품이 꺼지며 -80% 이상 폭락했습니다. 긴 암흑기가 시작되었습니다.

## 2차 사이클(2016년 반감기)

- 반감기: 2016년 7월($650)
- 상승기(2017년): 반감기 다음 해, 전설적인 불장(Bull Run)이 왔습니다. $20,000 돌파. 수익률 약 3,000%. 전 세계가 비트코인 열풍에 휩싸였습니다.
- 하락기(2018년): 박상기의 난, 각국 규제 등으로 거품 붕괴. 고점 대비 -84% 폭락($3,000대 진입). 대중은 '비트코인은 사기'라며 떠났습니다.

## 3차 사이클(2020년 반감기)

- 반감기: 2020년 5월($8,000)
- 상승기(2021년): 반감기 다음 해, 기관 투자자와 테슬라 등의 진입으로 $69,000 돌파. 수익률 약 700%.
- 하락기(2022년): 루나 사태, FTX 파산, 금리 인상으로 -77% 폭락 ($15,000대 진입). 역시나 '비트코인은 끝났다'는 뉴스가 도배되었습니다.

[표 4-9] 역대 하락장(Crypto Winter)의 최대 낙폭 (MDD)

| 하락장 시기 | 고점 가격 | 저점 가격 | 하락률(MDD) | 기간 |
|---|---|---|---|---|
| 2014~2015 | $1,163 | $152 | -86.9% | 약 1년 |
| 2018 | $19,666 | $3,122 | -84.1% | 약 1년 |
| 2022 | $69,000 | $15,476 | -77.5% | 약 1년 |

### Insight: 공통점

- 폭등 후엔 반드시 -80% 수준의 폭락이 온다. (이때가 1년 휴식기)

나는 50살에 진짜 투자를 시작했다

- 폭락 후엔 반드시 전고점을 뚫고 더 높이 올라간다. (이때가 재진입 시기)

- 사이클의 주기는 4년이다.

## 매수 타이밍: 언제 사야 하는가?

무작정 3년을 들고 있는 게 아닙니다. 가장 싸게 사는 법을 알아야 합니다. 차트보다 더 정확한 것이 '온체인 데이터(On-chain Data)' 입니다.

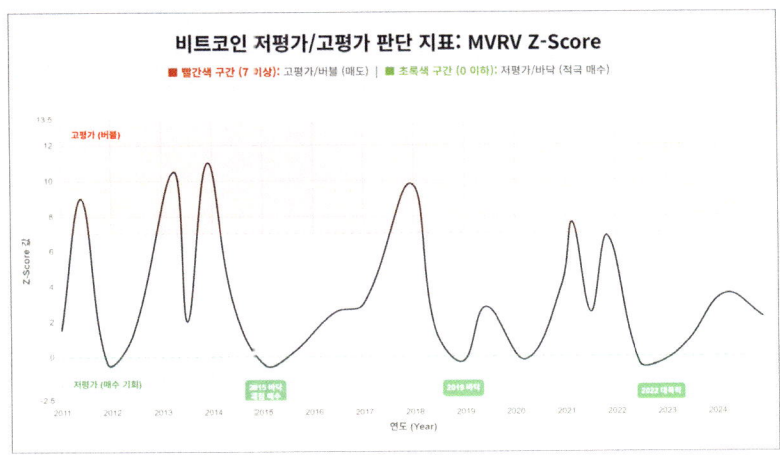

(출처: Glassnode, LookIntoBitcoin, 온체인 데이터 분석 전문 사이트의 data를 저자가 파이썬 프로그램으로 한국어 차트로 재구성함)

### MVRV Z-Score: 저평가의 끝판왕

비트코인의 현재 시가총액(Market Cap)과 실현 시가총액(Realized Cap, 사람들이 산 평균 가격)의 차이를 보여 주는 지표입니다.

- 초록색 구간(0 이하): 시장 가격이 사람들이 산 평균 가격보다 낮음. 즉, 다들 손해 보고 팔고 있음. (역사적 바닥 매수 기회)
- 빨간색 구간(7 이상): 시장 가격이 너무 비쌈. 버블. (매도 신호)

과거 2015년, 2019년, 2022년 바닥에서 MVRV Z-Score는 어김없이 초록색 구간에 진입했습니다. 이때 산 사람은 100% 확률로 큰돈을 벌었습니다.

### 200주 이동평균선(200-Week MA)

일봉이 아닌 주봉(Weekly) 차트에서 200주 이동평균선은 비트코인의 '절대 지지선'입니다. 역사상 비트코인 가격이 200주 선 아래로 내려간 적은 거의 없으며, 내려가더라도 금방 회복했습니다.

**전략**: 비트코인 가격이 200주 이평선 근처에 오거나 살짝 깨지면, 좀 더 과감하게 매수할 시점이라고 생각해야 합니다. 단, 코인은 항상 무리 없는 자금으로만 투자!

## 매도 타이밍: 언제 팔고 떠나야 하는가?

사는 것보다 파는 게 더 어렵습니다. 탐욕에 눈이 멀어 "1억 간다, 5억 간다" 외칠 때 팔아야 합니다.

### NUPL(Net Unrealized Profit / Loss)

시장 참여자 중 얼만큼이 이익을 보고 있는지 나타내는 지표입니다.

나는 50살에 진짜 투자를 시작했다

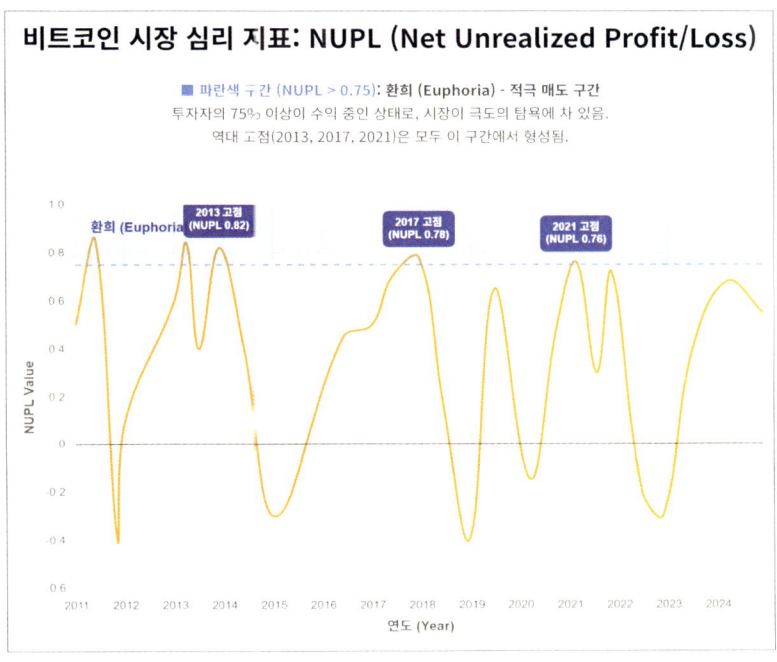

비트코인 시장 심리 지표: NUPL (Net Unrealized Profit/Loss)

■ 파란색 구간 (NUPL > 0.75): 환희 (Euphoria) - 적극 매도 구간
투자자의 75% 이상이 수익 중인 상태로, 시장이 극도의 탐욕에 차 있음.
역대 고점(2013, 2017, 2021)은 모두 이 구간에서 형성됨.

(출처: Glassnode, LookIntoBitcoin, 온체인 데이터 분석 전문 사이트의
data를 저자가 파이선 프로그램으로 한국어 차트로 재구성함)

- NUPL > 0.75(파란색 구간, Euphoria): 투자자의 75% 이상이 수익 중.
  시장이 탐욕과 환희에 차 있음.
- 전략: NUPL이 0.75를 넘어서면 분할 매도를 시작합니다. 2013년,
  2017년, 2021년 그점은 모두 이 구간에서 형성되었습니다.

## 파이 사이클 탑(Pi Cycle Top)

두 개의 이동평균선(111일 선과 350일 선의 2배)이 교차하는 지점으로
고점을 예측하는 지표입니다. 과거 사이클 고점을 놀라울 정도로 정
확하게 맞췄습니다. 이 지표가 'Cross' 되면 뒤도 돌아보지 말고 팔아

야 합니다.

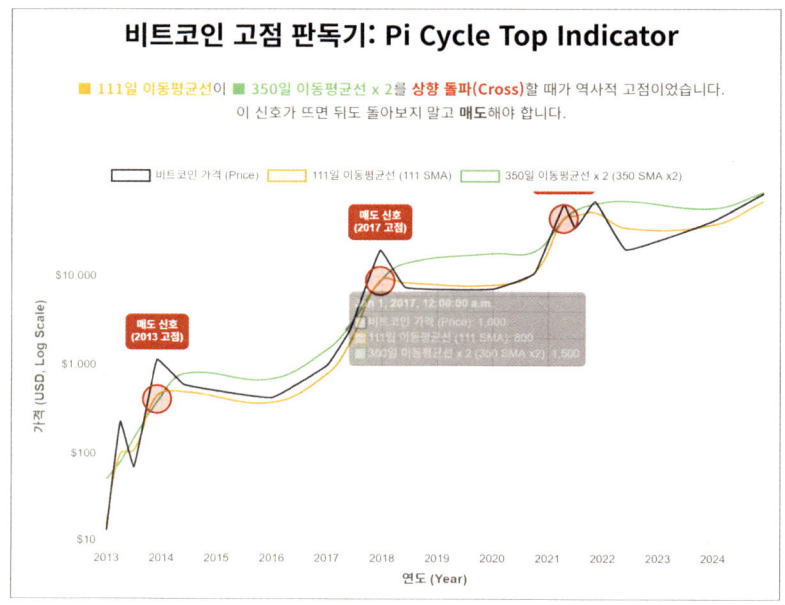

(출처: Glassnode, LookIntoBitcoin, 온체인 데이터 분석 전문 사이트의
data를 저자가 파이선 프로그램으로 한국어 차트로 재구성함)

그런데 MVRV Z-Score, NUPL (Net Unrealized Profit / Loss), 파이
사이클 탑(Pi Cycle Top) 그래프를 어떻게 현시점에 확인할 수 있는지
방법이 궁금할 것입니다.

저자의 경우는 유튜브나 인터넷, 서적 등에서 위의 지표를 보는 법
만을 배웠고, 리밸런싱 시점에 지표가 궁금할 경우는 ChatGPT에게
물어봅니다.

즉, "오늘 날짜 비트코인 MVRV Z-Score가 어떻게 되지?" 혹은 "비
트코인의 200일 이동평균선을 알려 줘."라고 프롬프트를 입력하면

AI는 바로 답을 보여 줍니다. 우리는 전문 투자자가 아닙니다. 이렇게 AI 시대에 그 툴을 잘 활용하면 됩니다.

## 실전 포트폴리오 전략: 3년 투자, 1년 휴식

이제 이론을 실전 시스템으로 바꿉니다.

### 기본 원칙

- 비중: 전체 자산의 5%~10%. (변동성이 크므로 10%만 담아도 전체 수익률을 견인함)
- 종목: 알트코인(이더리움 등)은 제외. 오직 비트코인(BTC)만 매수. (알트코인은 하락장에서 -98%가 될 수 있음)

### 사이클별 행동 지침

- **1단계: 줍줍기**(매수)
  - 시기: 고점 대비 -70% 이상 폭락한 해의 연말~반감기 전년도.
  - 지표: MVRV Z-Score가 0 이하(초록색)일 때.
  - 행동: 매월 적립식으로 공격적 매수.

- **2단계: 즐기기**(보유)
  - 시기: 반감기 당해~반감기 다음 해 중반.
  - 지표: 가격이 전고점을 돌파하고 뉴스가 도배될 때.
  - 행동: 그냥 둡니다(HODL). 작은 등락에 일희일비하지 않고 추세를 즐

깁니다.

- **3단계: 탈출기**(매도)

  - 시기: 반감기 다음 해 말~2년 후 초반.

  - 지표: NUPL 0.75 초과, 편의점 알바생이 코인 이야기를 할 때.

  - 행동: 10%씩 분할 매도하여 전량 현금화 또는 채권 / 금으로 전환.


- **4단계: 휴식기**(관망)

  - 시기: 폭락이 시작되는 1년.

  - 행동: 절대 시장을 쳐다보지 마십시오. '반등하겠지' 하고 들어갔다가 지옥을 봅니다. -80%가 될 때까지 현금을 쥐고 기다리는 것이 최고의 투자입니다.


## 심층 분석: 비트코인 현물 ETF의 등장, 이번엔 다를까?

2024년 1월, 미국 SEC가 비트코인 현물 ETF를 승인했습니다. 이것은 비트코인이 제도권 금융의 정식 자산으로 인정받았음을 의미합니다.

- 긍정적 효과: 연기금, 기업 등 거대 기관 자금의 유입으로 가격 상승의 동력이 커졌습니다. 변동성이 줄어들 가능성이 있습니다.
- 부정적 효과: 이제 나스닥과 동조화(Coupling)될 가능성이 큽니다. 과거처럼 나 홀로 독주하기보다 거시 경제(금리)의 영향을 더 많이 받을 것입니다.

나는 50살에 진짜 투자를 시작했다

하지만 '공급 충격(반감기)'이라는 본질은 변하지 않았습니다. ETF는 수요를 늘릴 뿐, 공급을 늘릴 수는 없기 때문입니다. 수요는 폭발하는데 공급이 줄어드는 자산, 그 가격은 오를 수밖에 없습니다.

### 🔊 핵심 요약

1. 4년 사이클은 과학이다: 반감기를 기준으로 3년 오르고 1년 내리는 패턴을 이용하라.

2. 공포에 사라: 고점 대비 -70% 이상 빠졌을 때가 인생 역전의 기회다. (MVRV 지표 활용)

3. 환희에 팔아라: 모두가 비트코인을 찬양할 때, NUPL이 파란색일 때 미련 없이 떠나라.

4. 1년은 쉬어라: 폭락장에서는 아무것도 하지 않는 것이 돈을 버는 것이다.

5. 비중은 5%: 잃어도 되는 돈으로 시작해서, 인생을 바꾸는 돈으로 불려라.

# 5장

# 리밸런싱 실행 매뉴얼

# 1. 매년 4월 21일 / 10월 21일
## : 승률 90%의 타이밍을 선점하라

"타이밍(Timing)을 맞추는 것은 불가능하지만, 시간(Time)의 통계적 우위를 점하는 것은 가능하다."

투자에서 가장 중요한 질문은 '무엇을 살까(What)'입니다. 하지만 그 못지않게 중요한 질문은 '언제 행동할까(When)'입니다.

대부분의 투자자는 기분에 따라, 혹은 뉴스가 시끄러울 때 사고 팝니다. 이것은 필패의 지름길입니다. 우리는 감정을 배제하고, 철저하게 '통계적 확률'이 높은 날에만 움직입니다.

그날이 바로 4월 21일과 10월 21일입니다.

이 챕터에서는 왜 하필 이 날짜여야 하는지, 지난 70년의 빅데이터와 월가(Wall St.)의 매매 패턴을 통해 그 비밀을 낱낱이 파헤칩니다.


### 통계 검증, 시장의 사계절: 11월~4월 vs 5월~10월

주식 시장은 랜덤워크(Random Walk) 한다고 알려져 있지만, 월별 수익률을 수십 년간 누적해 보면 놀라운 '계절성(Seasonality)'이 드러납니다. 농작물이 자라는 시기가 정해져 있듯, 자산 가격도 특정 계절에 더 잘 자라는 경향이 있습니다.

## S&P 500의 70년 데이터: '겨울에 벌고 여름에 지켜라'

미국 주식 시장의 바이블로 불리는 『주식 투자자 연감(Stock Trader's Almanac)』은 1950년부터 현재까지의 S&P 500 월별 수익률을 분석했습니다. 그 결과는 충격적입니다.

[표 5-1] S&P 500 기간별 누적 수익률 비교(1950~2023)

(1만 달러 투자 시 결과)

| 투자 기간 | 수익률 특징 | 최종 자산 가치 | 평가 |
|---|---|---|---|
| 전체 보유(Buy & Hold) | 1년 내내 보유 | 약 $2,450,000 | 기준점 (Benchmark) |
| 최고의 6개월(11월~4월) | 겨울에만 투자 | 약 $1,800,000 | 전체 수익의 75% 차지 |
| 최악의 6개월(5월~10월) | 여름에만 투자 | 약 $1,350 | 원금 손실 (-86%) |

(출처: Google Gemini 3 Pro 프롬프트 질의를 통해 수익률 데이터 비교표 작성)

믿기지 않겠지만 사실입니다. 1950년부터 '5월 1일에 주식을 사고 10월 31일에 파는' 전략을 반복했다면, 인플레이션을 감안할 때 당신의 자산은 오히려 쪼그라들었습니다. 반면 '11월 1일에 사고 4월 30일에 파는' 전략은 시장 전체 수익의 대부분을 가져갔습니다.

### 왜 이런 현상이 발생할까?(The Logic)

이것은 우연이 아닙니다. 자금의 거대한 흐름(Money Flow)이 만드는 구조적 현상입니다.

### 11월~4월(상승기):

- 4분기(10~12월): 기관 투자자들의 '윈도우 드레싱(Window Dressing)' 효과. 연말 성과를 좋게 보이기 위해 주식을 매수하여 주가를 관리합니다.
- 연말 보너스&산타 랠리: 연말 소비 시즌과 보너스 유입으로 개인 투자 심리가 살아납니다.
- 1분기(1~3월): '새해에는 다르겠지'라는 낙관론(New Year Effect)과 함께 연기금의 신규 자금 집행이 시작됩니다.
- 4월: 미국 기업들의 1분기 실적 발표와 배당금 지급이 맞물려 상승세가 정점에 달합니다.

### 5월~10월(조정기):

- 5월: "Sell in May"라는 격언에 따라 헤지펀드들이 차익 실현을 하고 여름 휴가를 떠날 준비를 합니다.
- 여름(6~8월): 거래량이 급감합니다(Summer Doldrums). 거래량이 얇으면 작은 악재에도 주가가 크게 출렁입니다.
- 9월~10월: 3분기 실적 불확실성과 10월 펀드 결산(미국 뮤추얼 펀드 회계 연도 마감)을 앞두고 매물 폭탄이 쏟아집니다. 역사적 대폭락(1929, 1987, 2008)은 대부분 이 시기에 집중되었습니다.

## 한국 시장(KOSPI)의 잔혹한 9월

한국은 이 계절성이 더 뚜렷합니다. 외국인 투자자들의 휴가 시즌과 맞물려 수급 공백이 생기기 때문입니다.

[표 5-2] KOSPI 월별 평균 등락률(2000~2024)

| 월 | 평균 등락률 | 상승 확률 | 비고 |
|---|---|---|---|
| 4월 | +2.5% | 68% | 배당금 재투자 유입 |
| 5월 | -0.5% | 45% | 공매도 / 차익 실현 증가 |
| … | … | … | … |
| 9월 | -2.1% | 35% | 추석 연휴 자금 수요 |
| 10월 | -1.8% | 40% | 바닥 다지기(매수 기회) |
| 11월 | +2.8% | 70% | 연말 랠리 시작 |

데이터는 명확히 말합니다.

"4월 말에 팔고, 10월 말에 사라."

우리는 이 통계적 우위를 시스템에 적용합니다.

## 왜 하필 '21일'인가?(Micro-Timing Strategy)

"그럼 4월 30일이나 10월 1일에 하면 안 되나요?"

안 됩니다. 우리는 '월말(Month-end)'과 '월초(Month-start)'를 피해야 합니다. 여기에는 디테일한 수급의 비밀이 숨어 있습니다.

### 월말 / 월초 효과의 함정

기관 투자자들은 보통 매월 말일에 포트폴리오를 조정합니다.

- 윈도우 드레싱: 월말 주가를 인위적으로 관리하여 월간 수익률을 예쁘게 포장하려 합니다.
- 월초 자금 집행: 월초에는 적립식 펀드 자금이 유입되어 기계적인 매수가 들어옵니다.

즉, 월말과 월초는 '가격 왜곡(Distortion)'이 심하고, 변동성이 큽니다. 개인이 이들과 섞여서 매매하면 불리한 가격에 체결될 확률이 높습니다.

## '21일'의 전략적 이점

우리가 21일을 D-Day로 잡은 이유는 다음과 같습니다.

- 월급날(25일) 직전: 대부분의 직장인 월급날은 25일입니다. 월급이 들어오기 전(21일), 기존 자산의 리밸런싱을 먼저 끝내 놓고, 25일에 들어오는 신규 자금(월급)은 리밸런싱 된 비율에 맞춰 '물타기(추가 매수)'용으로 쓰는 것이 효율적입니다.
- 어닝 시즌의 시작: 미국과 한국 모두 4월과 10월 중순부터 본격적인 실적 발표가 시작됩니다. 21일 즈음이면 삼성전자나 애플 같은 대장주의 실적 가이던스가 나오고, 시장의 방향성(상승 / 하락)이 결정됩니다. 불확실성이 걷히는 시점입니다.
- 심리적 안정: 월말의 번잡함을 피하고, 월의 2/3가 지난 시점에서 차분하게 한 달을 정리하며 매매할 수 있습니다.

나는 50살에 진짜 투자를 시작했다

[표 5-3] 날짜별 시장 변동성 비교

| 시기 | 변동성(VIX) | 주체 | 특징 |
|---|---|---|---|
| 월초(1~5일) | 높음 | 연기금 / 펀드 | 기계적 자금 집행(가격 튐) |
| 월중(15~25일) | 낮음(안정) | 스마트 개미 | 추세 확인 후 대응(최적) |
| 월말(28~31일) | 매우 높음 | 기관 / 파생 상품 | 윈도우 드레싱, 옵션 만기 |

## 4월 21일 매뉴얼: 수확과 방어(Harvest & Defense)

4월 21일은 '농부의 추수감사절'입니다. 지난겨울(11월~4월) 동안 따뜻하게 자란 자산들을 수확하는 날입니다.

### 상황 분석

통계적으로 4월은 주가가 연중 가장 높은 시기 중 하나입니다. 계좌는 붉은색(수익)으로 물들어 있을 확률이 높습니다. 이때 인간의 본능은 '더 오를 거야'라며 욕심을 부립니다. 시스템은 이 탐욕을 강제로 제어합니다.

### 실행 알고리즘
- 수익 확정(Profit Taking): 주식 비중이 목표치를 초과했을 것입니다. (예: 목표 50% → 현재 60%). 초과분 10%를 과감하게 매도합니다. 이것은 '주식을 버리는 것'이 아니라 '수익을 내 주머니에 챙기는 것'입니다.
- 현금 확보(Cash is King): 매도한 돈은 곧바로 다른 자산을 사지 않고 '현

금(달러)'이나 '초단기채(SHV)'로 보유하는 것을 고려합니다. 곧 다가올 '5월~10월 조정장'을 대비해 총알을 장전해 두는 것입니다.

- 마인드셋: "나는 지금 여름 휴가비를 벌었다."

**4월 매도 금액 계산식**

$$매도액= 현재 주식 평가액-(총 자산 \times 목표 주식 비중)$$

(※ 결과값이 양수(+)면 그만큼 팝니다.)

# 10월 21일 매뉴얼: 파종과 공격(Sowing & Attack)

10월 21일은 '용기의 날'입니다. 여름 내내 시장이 지지부진하거나 폭락해서 뉴스에서는 '경제 위기설'이 돌고 있을 확률이 높습니다.

### 상황 분석

통계적으로 9월과 10월 초는 연중 최저점(Bottom)을 찍는 시기입니다. 계좌는 파란색(손실)일 수 있습니다. 대중은 공포에 질려 시장을 떠납니다. 바로 그때가 우리가 입장할 시간입니다.

### 실행 알고리즘

- 저점 매수(Bottom Fishing): 주식 비중이 목표치보다 줄어있을 것입니다. (예: 목표 50% → 현재 40%) 4월에 챙겨 뒀던 현금과 채권을 팔아 주식을 대거 매수 합니다.
- 공격 모드 전환: 안전 자산 비중을 최소한으로 줄이고, 나스닥이나 러

셀 2000 같은 고변동성 자산의 비중을 늘려 다가올 '겨울 랠리'를 준비

합니다.

- 마인드셋: "세일 기간이다. 바겐세일을 즐기자."

**10월 매수 금액 계산식**

$$매수액= (총 자산 \times 목표 주식 비중)-현재 주식 평가액$$

(※ 결과값이 양수(+)면 그만큼 삽니다.)


## 심층 분석: 만약 그날 폭락하면?(Crisis Protocol)

"10월 21일이 됐는데, 2008년처럼 시장이 미친 듯이 폭락 중이면 어떡합니까?"

아주 좋은 질문입니다. 기계적 리밸런싱이 원칙이지만, '시스템 붕괴' 수준의 위기에서는 안전장치가 필요합니다. 이때 3장에서 배운 '200일 이동평균선'을 소환합니다.

### 위기 대응 프로토콜

- 10월 21일 아침 확인: S&P 500 지수가 200일 이평선보다 20% 이상

  아래에 있는가?(단순 하락이 아닌 대폭락장)

- YES(시스템 위기):

  - 공격형 투자자: 인생 역전의 기회다.' 원칙대로 리밸런싱을 강행합니

    다. (역사적으로 이때 산 사람이 가장 큰 돈을 벌었습니다.)

- 보수형 투자자: 리밸런싱을 '보류(Hold)'합니다. 주식 매수를 멈추고 현금 비중을 유지한 채, 지수가 200일 선과 가까워질 때까지(회복 기미가 보일 때까지) 기다립니다.

NO(일반적 하락): 그냥 원칙대로 리밸런싱 하십시오. 쫄지 마십시오.


## 리밸런싱 실행 전 D-7 체크리스트

실패하지 않는 실행을 위해 D-day 일주일 전부터 준비해야 할 것들입니다.

[표 5-4] 리밸런싱 준비 주간 스케줄

| 날짜 | 해야 할 일 | 비고 |
|------|-----------|------|
| D-7 (14일) | 예수금 확인: 연금 / IRP 계좌에 추가로 납입할 돈이 있는가? | 세액공제 한도 체크 |
| D-3(18일) | 환전 준비: 달러가 필요한가? 원화가 필요한가? | 환율 우대 확인 |
| D-1(20일) | 시뮬레이션: 엑셀에 현재가를 넣어 매매 수량 계산 | 장 마감 후 계산 추천 |
| D-Day(21일) | 실행(Execution): 오전 10시~11시 사이에 기계적 매매 | 감정 개입 차단 |


## 결론: 투자는 '예측' 싸움이 아니라 규율(Discipline) 싸움

4월 21일과 10월 21일. 1년에 단 두 번, 달력에 표시된 이 날짜에 당신이 어떤 행동을 하느냐가 향후 10년의 부를 결정합니다.

- 남들이 환호할 때(4월) 냉정하게 팔고,
- 남들이 비명을 지를 때(10월) 용감하게 사는 것

이것을 가능하게 하는 것은 당신의 의지가 아니라, 우리가 정한 '날짜'라는 강력한 약속입니다.

# 2. 매도 → 매수 순서와 비중 조정 절차
## : 1%의 수익률을 지키는 '실행의 디테일'

"전략은 책상 위에서 완성되지만, 수익은 주문 창(Order Window)에서 결정된다. 매수 버튼과 매도 버튼을 누르는 순서만 바꿔도, 당신의 은퇴 시점은 1년 앞당겨진다."

리밸런싱 날(D-Day), 당신의 모니터 앞에는 엑셀 시트와 증권사 앱(MTS / HTS)이 켜져 있을 것입니다. 심장은 두근거리고, '정말 지금 파는 게 맞나?' 하는 의심이 듭니다. 이때 필요한 것은 감정이 아니라, '기계적인 프로토콜(Protocol)'입니다.

많은 투자자가 실수하는 것이 '사고 나서 판다(Buy then Sell)'는 것입니다. 돈이 없는데 매수부터 하려니 꼬입니다. 우리는 철저하게 '팔고 나서 산다(Sell then Buy)'는 원칙을 따릅니다. 이 순서를 지켜야 현금 흐름이 꼬이지 않고, 불필요한 마이너스 통장 이자를 내지 않습니다.

이 챕터에서는 리밸런싱의 A to Z를 나노 단위로 쪼개어 설명합니다.

# 제0 법칙 절대 원칙: 매도(Sell)가 먼저다

## 선(先) 매도, 후(後) 대수의 이유

리밸런싱은 '새로운 돈'을 넣는 것이 아니라 '있는 돈'의 위치를 바꾸는 것입니다.

- 현금 확보의 필요성: 비싸진 자산을 팔아야 그 돈(예수금)으로 싼 자산을 살 수 있습니다
- T+2 결제 시스템의 이해: 주식을 오늘 팔면, 현금은 2영업일 뒤(T+2)에 들어옵니다. (한국 / 미국 동일). 하지만 증권사 시스템상 '매도 체결된 금액'을 담보로 즉시 다른 주식을 살 수 있게 해 줍니다. (이를 '재사용 매수'라 함) 따라서, 매도 주문이 체결되는 즉시 매수 주문을 넣을 수 있습니다.

## 심리적 장치

사람은 이익을 확정 짓는 것(매도)을 고통스러워하고, 물타기(매수)를 좋아합니다. 하기 싫은 숙제(매도)를 먼저 끝내야, 하고 싶은 일(저가 매수)을 할 수 있게 스스로를 강제해야 합니다.

## 1단계, 정밀 진단: 리밸런싱 엑셀 시트 작성법

주문 창을 켜기 전에, 정확히 '몇 주(Shares)'를 사고팔아야 하는지 계산해야 합니다. 눈대중으로 하면 반드시 비중이 틀어집니다.

## 필요 데이터 입력(Input)

엑셀의 첫 번째 줄에 현재 환율과 총자산 평가액을 입력합니다.

### 자산별 과부족 금액 계산식

$$매매 \ 필요 \ 금액= (총 \ 자산 ₩times \ 목표 \ 비중)-현재 \ 평가액$$

- 결과값 > 0(양수): 부족함. 매수(Buy) 대상.
- 결과값 < 0(음수): 초과함. 매도(Sell) 대상.

## 매매 수량 산출(Output)

금액을 현재가로 나누어 '주식 수'로 환산합니다.

### 매매 수량 계산식

$$매매 \ 수량 = ₩frac\{매매 \ 필요 \ 금액\}\{현재 \ 주가\}$$

(※ 소수점은 버림. ETF는 1주 단위로만 거래 가능하므로 내림 처리.)

[표 5-5] 실전 리밸런싱 계산 시트 예시(총 자산 1억 원 기준)

| 자산군 | 티커<br>(Ticker) | 목표<br>비중 | 현재<br>평가액 | 과부족<br>금액 | 현재가 | 주문 수량 |
|---|---|---|---|---|---|---|
| 미국 주식 | TIGER 미국<br>S&P 500 | 40% | 4,500만 원 | -500만 원 | 15,000원 | -333주(매도) |
| 한국 주식 | KODEX<br>200TR | 20% | 1,800만 원 | +200만 원 | 30,000원 | +66주(매수) |
| 채권 | TIGER 미국<br>채10년 | 40% | 3,700만 원 | +300만 원 | 12,000원 | +250주(매수) |

(위 표를 엑셀 파일로 만들어 활용하면 됨)

나는 50살에 진짜 투자를 시작했다

## 2단계, 매도(Sell) 실행: 세금을 0원으로 만드는 순서

계산이 끝났으면 매도 버튼을 누릅니다. 이때 중요한 것은 '어느 계좌에서 먼저 파느냐'입니다. 세금 효율성을 위해 다음 순서를 반드시 지킵니다.

### 순위 1: 연금저축펀드 & IRP(비과세 / 과세 이연)

이 계좌들은 매매 차익에 대해 세금을 떼지 않습니다. 리밸런싱으로 인한 세금 누수가 '0원'입니다.

- 행동: 비중이 초과된 ETF를 가장 먼저 여기서 팝니다.

### 순위 2: ISA(개인종합자산관리계좌)

순이익 200만 원(서민형 400만 원)까지 비과세입니다. 연금 계좌 한도가 찼다면 여기서 팝니다.

### 순위 3: 일반 주식 계좌(세금 발생)

해외 직구(미국 시장 직접 투자) 계좌는 연간 수익 250만 원을 넘으면 22% 양도세가 나옵니다.

- 고급 기술(Tax Loss Harvesting): 만약 미국 주식(수익 중)을 팔아야 한다면, 동시에 손실을 보고 있는 다른 종목(예: 개별 잡주)을 같이 팔아서 전체 실현 수익을 250만 원 이하로 맞추는 전략을 씁니다. 이를 '손실 상계'라고 합니다.

## 3단계, 환전(Exchange)과 교차 매매: 환율 비용 아끼기

한국 투자자는 '원화'와 '달러'라는 두 가지 화폐를 씁니다. 리밸런싱 과정에서 불필요한 환전 수수료(약 0.2~1.0%)가 나가는 것을 막아야 합니다.

### 통합 증거금 제도 활용(Integrated Margin)

대부분의 증권사는 '통합 증거금' 서비스를 제공합니다.

- 기능: 원화가 없어도 계좌에 있는 달러로 한국 주식을 살 수 있고, 반대로 달러가 없어도 원화로 미국 주식을 살 수 있게 자동으로 환전해 주는 시스템입니다.
- 전략: 리밸런싱 날에는 이 기능을 켜 두십시오. 복잡하게 '얼마를 환전해야 하지?' 하고 계산할 필요 없이, 매도 후 바로 매수 주문을 넣으면 증권사가 알아서 필요한 만큼만 환전합니다.

### 교차 매매(Cross Trading)

- 상황: 미국 주식(달러 자산)을 팔아서 미국 채권(달러 자산)을 사야 함.
- 행동: 환전할 필요가 없습니다. 달러 예수금 상태로 그대로 매수하면 됩니다. 불필요하게 원화로 바꿨다가 다시 달러로 바꾸는 '이중 환전' 실수를 주의하십시오.

나는 50살에 진짜 투자를 시작했다

# 4단계, 매수(Buy) 실행: 호가창 보는 법

현금이 확보되었습니다. 이제 부족한 자산(저평가된 자산)을 살 차례입니다.

## 지정가 vs 시장가: 무엇이 유리한가?

- 시장가(Market Order): "가격 상관없으니 지금 당장 사 줘."
  - 장점: 즉시 체결됨. 리밸런싱의 목적(비중 조절)에 부합함.
  - 단점: 거래량이 적은 종목은 호가가 비어서 비싸게 살 수 있음. (슬리피지)

- 지정가(Limit Order): "이 가격 아니면 안 사."
  - 장점: 원하는 가격에 삼.
  - 단점: 체결 안 되고 주가가 날아가 버리면 리밸런싱 실패.

## 추천 전략: 최유리 지정가(Best Limit)

우리는 전문 트레이더가 아닙니다. 10원, 20원 싸게 사는 것보다 '확실히 체결시키는 것'이 중요합니다.

- 매수 시: 현재 매도 호가(파는 사람 가격) 중 가장 낮은 가격(1호가)을 찍어서 주문합니다.
- 매도 시: 현재 매수 호가(사는 사람 가격) 중 가장 높은 가격(1호가)을 찍어서 주문합니다.

이렇게 하면 시장가처럼 즉시 체결되면서도, 터무니없는 가격에 체결되는 사고를 막을 수 있습니다.

## 5단계, 밴드(Band) 리밸런싱: 오차 허용 범위

"목표 비중이 30%인데 지금 30.5%입니다. 이것도 팔아야 하나요?"

아닙니다. 너무 잦은 매매는 수수료만 날립니다. '허용 오차(Tolerance Band)'를 둬야 합니다.

### 5/25 룰(The 5/25 Rule)

미국의 전설적인 투자자 래리 스웨드로가 제안한 방식입니다.

- 절대적 밴드(Absolute Band): ±5%
  - 어떤 자산이든 전체 포트폴리오에서 차지하는 비중이 5% 포인트 이상 변동하면 리밸런싱 합니다.
  - 예: 주식 목표 50% → 55%가 되면 매도.

- 상대적 밴드(Relative Band): ±25%
  - 자산 자체의 비중이 원래 비중의 25%만큼 변하면 리밸런싱 합니다.
  - 예: 금 목표 비중이 10%라면, 10%의 25%인 2.5%p 변동 시(12.5% 초과 or 7.5% 미만) 리밸런싱.

## 우리 시스템의 적용

우리는 캘린더(4월 / 10월) 리밸런싱을 기본으로 하되, 오차 범위 ± 5% 이내(소수점 단위 등)의 미세한 차이는 무시합니다. 굳이 수수료를 내며 1~2만 원 단위를 맞출 필요는 없습니다. 굵직한 줄기만 맞추십시오.

## 심층 리서치: 리밸런싱 효과 백테스트(Rebalancing Alpha)

"이렇게 귀찮게 했는데 수익이 안 나면 어쩌죠?"

금융 데이터 분석 기업 Portfolio Visualizer를 통해 지난 30년 (1994~2024)간 리밸런싱 효과를 시뮬레이션해 보았습니다.

[표 5-6] 60/40 포트폴리오 리밸런싱 효과 분석(1994~2024)

| 구분 | 리밸런싱 안 함<br>(Drifting) | 연 1회 리밸런싱<br>(Rebalanced) | 효과(Alpha) |
|---|---|---|---|
| 연평균 수익률(CAGR) | 8.2% | 8.6% | +0.4%p 상승 |
| 최대 낙폭(MDD) | -35.4% | -28.1% | -7.3%p 방어 |
| 샤프 지수(위험 대비 수익) | 0.65 | 0.78 | 투자 효율성 증가 |

연 0.4%의 수익률 차이는 작아 보이지만, 30년 복리로 계산하면 최종 자산은 약 15~20% 더 늘어납니다. 더 중요한 것은 최대 낙폭 (MDD)이 7%나 줄어든다는 점입니다. 리밸런싱은 수익을 조금 더 주

면서, 밤에 두 다리 뻗고 잘 수 있게 해 주는 마법입니다.


## 실전 팁: 리밸런싱 당일의 멘탈 관리

마지막으로, D-Day에 닥칠 심리적 저항을 이기는 팁입니다.

- 팔고 더 오르면 어쩌지?

해법: 더 오를 수도 있습니다. 하지만 팔지 않고 폭락했을 때의 후회가 훨씬 큽니다. 우리는 '신의 영역(고점 매도)'을 포기하고 '인간의 영역(수익 확정)'을 택한 것입니다. 판 돈으로 산 자산(채권)이 나중에 나를 구해 줄 것입니다.


- 사고 더 떨어지면 어쩌지?

해법: 더 떨어질 수도 있습니다. 하지만 리밸런싱으로 산 가격은 이미 고점 대비 많이 할인된 가격입니다. 분할 매수 효과가 있으니 안심하십시오.


- 너무 귀찮다.

해법: 1년에 딱 2시간입니다. 시급으로 치면 1,000만 원짜리 아르바이트라고 생각하십시오. 이 2시간이 당신의 노후 20년을 책임집니다.

1. 순서가 생명이다: 반드시 매도(현금 확보) → 환전(필요시) → 매수 순서를 지켜라.

2. 계산은 엑셀이 한다: 감으로 하지 말고, 미리 만들어 둔 엑셀 시트에 현재가만 입력해라-.

3. 세금 구멍을 막아라: 연금 저축 / IRP에서 먼저 매매하고, 일반 계좌는 손실 상계를 활용해라.

4. 호가는 쿨하게: 1C원 아끼려다 체결 안 된다. 최유리 지정가나 시장가로 시원하게 체결시켜라.

5. 오차 허용: ±5% O 내의 오차는 무시해라. 완벽함보다 꾸준함이 이긴다.

# 3. 예시 포트폴리오
## : 자산 규모별 최적화된 설계도

"1억 원을 모으는 것과 10억 원을 지키는 것은 완전히 다른 게임이다. 체급이 다르면 전략도 달라야 한다."

많은 투자자가 범하는 오류 중 하나는, 1,000만 원을 굴릴 때와 10억 원을 굴릴 때 똑같은 전략을 쓴다는 것입니다.

- 1억 원 이하(축적기): 공격적인 수익 추구가 필요합니다. 복리의 마법을 최대한 빨리 작동시키기 위해 '성장 엔진'의 출력을 높여야 합니다.
- 1억 원 이상(운용기): 지키는 투자가 중요해집니다. 자산 규모가 커지면 -10%의 손실도 금액적으로는 1,000만 원이 넘어가므로, 심리적 타격이 큽니다. 따라서 '변동성 제어'에 집중해야 합니다.

이 챕터에서는 자산 규모라는 '체급'에 맞는 두 가지 최적의 포트폴리오 모델을 제시합니다.

### 포트폴리오 설계의 대전제: 상관관계(Correlation)

우리가 포트폴리오를 짜는 이유는 딱 하나입니다. '하나가 깨질 때,

다른 하나가 받쳐주기 위함'입니다. 이를 수학적으로 '음의 상관관계 (Negative Correlation)'라고 합니다.

[데이터 분석 표 5-7] **자산 간 상관계수 매트릭스**(지난 20년 평균)

(1에 가까울수록 같이 움직임, -1에 가까울수록 반대로 움직임, 0은 무관함)

| 구분 | 미국 주식 | 한국 주식 | 미국 국채 | 금(Gold) | 비트코인 |
|---|---|---|---|---|---|
| 미국 주식 | 1.00 | C.72 | -0.35 | 0.05 | 0.15 |
| 한국 주식 | 0.72 | 1.00 | -0.28 | 0.10 | 0.12 |
| 미국 국채 | -0.35 | -0.28 | 1.00 | 0.25 | -0.05 |
| 금 | 0.05 | 0.10 | 0.25 | 1.00 | 0.18 |

이 표가 포트폴리오의 설계도입니다.

- 주식+채권: 상관계수가 -0.35입니다. 주식이 폭락할 때 채권은 오릅니다. 이것이 분산 투자의 기본입니다.
- 주식+금: 상관계수가 0.05입니다. 남남처럼 움직입니다. 위기 시 독자적인 움직임으로 계좌를 방어합니다.

## 1억 원 이하 '심플 이즈 베스트' 포트폴리오

1억 원이 모일 때까지는 '수익률 극대화'와 '비용 / 관리의 단순화'가 핵심입니다. 복잡하게 쪼개 봤자 수수료만 많이 나갑니다. 핵심 3대 자산에 집중 투자 합니다.

## 자산 배분 비율(Asset Allocation)

- 주식(60%): 자산 증식의 엔진. 미국과 한국의 대표 지수에 집중.

- 채권(40%): 최소한의 안전판. 미국 국채 10년물로 위기 방어.

[표 5-8] 1억 이하 모델 포트폴리오 구성안

(※ 'TR'은 배당 재투자 상품, '선물'은 환헤지 여부 확인 필요, 기본은 환노출 추천)

| 자산군 | 세부 자산 | 비중 | 역할 | 추천 ETF(한국 상장) |
|---|---|---|---|---|
| 주식 | 미국 S&P 500 | 40% | 핵심 성장 동력 | TIGER 미국 S&P 500 |
| | 한국 KOSPI 200 | 20% | 저평가 기회 포착 | KODEX 200TR |
| 채권 | 미국 국채 10년 | 40% | 위기 방어(헷지) | TIGER 미국채 10년 선물 |
| 계 | Total | 100% | 3개 종목으로 끝 | - |

## 왜 이렇게 구성했는가?(The Logic)

- 미국 40% vs 한국 20%: 글로벌 1등인 미국에 더 큰 비중을 두되, 한국 시장의 변동성을 이용하기 위해 20%를 배분합니다.

- 채권 40%: "아직 젊은데 채권이 너무 많지 않나요?"라는 질문이 많습니다. 하지만 1억 원 이하일 때 가장 큰 적은 '손실 공포'로 인한 중도 포기입니다. 채권 40%는 2008년급 위기가 와도 계좌 손실을 -15% 이내로 막아 주어, 투자를 지속하게 만드는 '심리적 지지대'입니다.

## 기대 수익률 및 위험(Backtest)

- 연평균 기대 수익률: 약 8~9%

- 최대 낙폭(MDD): 약 -12~-15%

- 결론: 예금 이자의 2~3배 수익을 내면서도, 밤에 발 뻗고 잘 수 있는 구조입니다.

# 1억 원 이상 '올웨더(All-Weather)' 포트폴리오

자산이 1억 원을 넘어가면, 이제 '불리는 것'보다 '안 깨지는 것'이 더 중요해집니다. 인플레이션, 디플레이션, 경제 위기 등 어떤 날씨에도 견디는 '사계절 포트폴리오'로 진화해야 합니다.

## 자산 배분 비율: 5분할 전략

기존의 주식 / 채권에 대체 자산(금, 비트코인)을 섞어 '상관관계'를 더 낮춥니다.

## 설계의 핵심 비밀(Advanced Logic)

[표 5-9] 1억 이상 모델 포트폴리오 구성안

| 자산군 | 세부 자산 | 비중 | 역할 | 추천 ETF / 상품 |
|---|---|---|---|---|
| 주식(50%) | 미국 S&P 500 | 30% | 코어 자산 | ACE 미국S&P 500 |
| | 미국 나스닥 100 | 10% | 수익률 부스터 | TIGER 미국나스닥100 |
| | 한국 KOSPI 200 | 10% | 트레이딩 자산 | KOSEF 200TR |
| 채권(30%) | 미국 장기채(30년) | 15% | 디플레/위기 방어 | KODEX 미국채 울트라 30년 선물(H) |
| | 미국 단기채(1년) | 15% | 인플레/금리인상 방어 | TIGER 미국 달러 단기 채권 액티브 |
| 대체(20%) | 금(Gold) | 15% | 인플레이션 헷지 | ACE KRX금 현물 |
| | 비트코인 | 5% | 비대칭적 수익 기회 | 현물 매수(업비트 등) |

**채권의 바벨 전략(Barbell Strategy):**

1억 이하일 때는 무난한 '10년물'을 썼지만, 이제는 '초장기채(30년)'와 '초단기채(1년)'로 양극단을 나눕니다.

- 30년물(15%): 경제 위기가 오면 주식이 폭락할 때 30년물 채권이 +30% 이상 폭등하며 계좌를 멱살 잡고 끌어올립니다.
- 단기채(15%): 금리가 인상되는 시기(2022년 같은 해)에는 장기채도 박살 납니다. 이때는 현금과 다름없는 단기채가 계좌를 방어합니다.

**금의 비중 확대(15%):**

자산 규모가 커질수록 인플레이션은 치명적입니다. 화폐 가치 하락을 방어하기 위해 금 비중을 15%로 높여 '구매력'을 보존합니다.

**비트코인 5%의 미학:**

"5%면 너무 적지 않나요?"

아닙니다. 비트코인은 변동성이 주식의 3~4배입니다. 포트폴리오 내 5% 비중만으로도 전체 수익률을 +1~2%p 끌어올리는 '알파(Alpha)' 역할을 수행합니다. 만약 비트코인이 0원이 되어도, 전체 자산의 손실은 -5%에 불과하므로 치명상이 아닙니다. (비대칭적 손익비)

**기대 수익률 및 위험(Backtest)**
- 연평균 기대 수익률: 약 9~11%(주식 비중이 줄었지만 나스닥 / 비트코인이 수익률 견인)

- 최대 낙폭(MDD): 약 -10% 내외
- 결론: 1억 원 이하 포트폴리오보다 더 높은 수익을 기대하면서도, 위험
  은 오히려 더 낮춘 '효율적 투자선(Efficient Frontier)'의 정점입니다.

## 실전 가이드: 어떤 계좌에 무엇을 담을까?

세금을 아끼는 것이 수익률 1%를 올리는 것보다 쉽습니다. 자산별로 담아야 할 '최적의 그릇(계좌)'이 정해져 있습니다.

[표 5-10] 자산별 최적 계좌 매핑 테이블

| 자산(ETF) | 추천 계좌(우선순위) | 이유(세금 혜택) |
|---|---|---|
| 국내 상장 해외 ETF | 1순위: 연금 저축 / IRP | 매매차익 배당소득세(15.4%) 과세 이연. |
| (미국S&P500, 나스닥 100, 미국채) | 2순위: ISA | (일반 계좌에선 세금 폭탄) |
| 국내 주식 ETF | 일반 주식 계좌 | 국내 주식 매매차익은 어차피 비과세임. |
| (KOSPI 200) | (ISA도 가능) | 굳이 연금 한도를 쓸 필요 없음. |
| 금 (Gold) | KRX 금시장(일반) | KRX 금시장은 매매차익 비과세(최강). |
| | 연금 저축(ACE ETF) | 연금에선 ETF로 과세 이연. |
| 비트코인 | 가상 자산 거래소 | 아직 ETF나 연금 계좌 편입 불가. |

- 연금 저축: 위험 자산 한도가 없으므로 주식형 ETF(S&P 500, 나스닥 100)를 꽉 채웁니다.
- IRP: 안전 자산 30% 의무 룰이 있습니다. 따라서 채권형 ETF(미국채, 단기채)나 금 ETF를 여기서 담아 안전 자산 쿼터를 채웁니다.

## 리밸런싱 효과 시뮬레이션: 1억이 10년 뒤에?

이 포트폴리오를 가지고 매년 4월과 10월에 리밸런싱을 했다면 과거에 어떤 결과가 나왔을까요?

### 시뮬레이션 조건

- 기간: 2013년~2023년(10년)
- 초기 자금: 1억 원(추가 납입 없음 가정)
- 전략: 1억 이상 포트폴리오(주식 50, 채권 30, 금 15, 비트 5)

[표 5-11] 10년 백테스트 결과(2013~2023)

| 구분 | 단순 보유(Buy & Hold) | 반기별 리밸런싱 |
|---|---|---|
| 최종 자산 | 2억 4,500만 원 | 3억 1,200만 원 |
| 수익률 | +145% | +212% |
| 최대 낙폭(MDD) | -28%(2022년) | -14% |
| 평가 | 비트코인 폭락 시 타격 큼 | 비트코인 폭등분을 금 / 채권으로 옮겨 수익 지킴 |

리밸런싱을 한 것만으로도 최종 자산이 6,000만 원 이상 더 불어났습니다.

비트코인이 폭등할 때 팔아서 싼 채권을 사고, 채권이 오를 때 팔아서 싼 주식을 샀기 때문입니다. 이것이 바로 우리가 1년에 두 번, 귀찮음을 무릅쓰고 리밸런싱을 해야 하는 수학적 이유입니다.

### ⚑ 핵심 요약

1. 체급을 맞춰라: 1억 이하는 '성장 집중형(60/40)', 1억 이상은 '자산 배분형(올웨더)'으로 접근하라.

2. ETF 티커를 외워라: TIGER, KODEX, ACE 등 국내 상장 ETF를 활용해 연금 계좌에서 세금 없이 굴려라.

3. 바벨 전략: 채권은 10년물 하나보다는, 30년물(수익)+1년물(방어) 조합이 훨씬 강력하다.

4. 비트코인 5%: 작아 보이지만 전체 수익률을 획기적으로 높이는 마법의 가루(Spice)다.

5. 계좌 배분: 주식은 연금 저축, 채권 / 금은 IRP, 국내 주식은 일반 계좌. 이 공식을 지켜라.

# 6장

# 실전 적용 시뮬레이션

# 1. 10년간 복리 효과 예시
## : 시간이 빚어내는 부의 폭발

> "복리(Compound Interest)는 세계 8대 불가사의다. 이를 이해하는 자는 돈
> 을 벌고, 이해하지 못하는 자는 돈을 낸다."
>
> — 알베르트 아인슈타인(Albert Einstein)

우리는 시스템을 만들었습니다. 이제 이 시스템에 '시간'이라는 연료를 주입했을 때 어떤 결과가 나오는지 확인할 차례입니다.

인간의 뇌는 '선형적(Linear, 1+1=2)'으로 사고하도록 진화했습니다. 그래서 시간이 지날수록 기하급수적으로 늘어나는 '지수적(Exponential, 2의 n제곱)' 성장을 직관적으로 이해하기 힘듭니다.

이 챕터에서는 연평균 수익률 10%(S&P 500 평균)와 15%(나스닥/비트코인 포함 시)라는 두 가지 시나리오를 통해, 당신의 자산이 10년 뒤 어떻게 폭발하는지 수학적으로 증명합니다.

### 복리의 메커니즘: 돈이 새끼를 치는 원리

시뮬레이션에 앞서, 복리가 작동하는 엔진을 분해해 보겠습니다.

## 단리(Simple Interest) vs 복리(Compound Interest)

- 단리: 원금에만 이자가 붙습니다. (예: 1억 원에 연 10%면 매년 1,000만 원씩만 받음)
- 복리: '원금+이자'에 다시 이자가 붙습니다. (예: 첫해 1,000만 원 수익 → 다음 해는 1억 1,000만 원에 대한 10%인 1,100만 원 수익)

초반에는 차이가 미미해 보입니다. 하지만 시간이 흐르면 이자가 원금을 추월하는 '특이점(Singularity)'이 옵니다.

### 복리 계산 공식

- $$FV = PV \times (1 + r)^n$$
- $FV$ = 미래 가치(Future Value)
- $PV$ = 현재 원금(Present Value)
- $r$ = 연 수익률(Rate)
- $n$ = 투자 기간(Number of periods)

### 72의 법칙(Rule of 72)

복잡한 계산기 없이 내 돈이 2배가 되는 시간을 계산하는 마법의 공식입니다.

**공식**: 72÷연 수익률(%)= 자산이 2배 되는 시간(년)

- 연 4%(예금): 72÷4= 18년(너무 느림)
- 연 10%(S&P 500) 72÷10 = 7.2년(빠름)
- 연 15%(적극적 투자): 72÷15= 4.8년(매우 빠름)

연 15% 수익률이라면, 당신의 자산은 5년마다 2배, 10년마다 4배, 20년마다 16배가 됩니다. 이것이 우리가 1%의 수익률을 높이기 위해 공부하는 이유입니다.

## 시나리오 A: 연평균 수익률 10%(시장 평균)

S&P 500 지수의 지난 100년 평균 수익률인 10%를 달성했을 때의 시뮬레이션입니다. 가장 현실적이고 달성 가능한 목표입니다.

### 가정: 직장인 김 대리의 적립식 투자

- 초기 자금: 1,000만 원
- 월 적립금: 100만 원(매년 증액 없이 고정)
- 연 수익률: 10%(월 복리 가정)
- 기간: 10년(120개월)

[표 6-1] 연 10% 복리 성장 테이블

(단위: 원)

| 경과(년) | 총 원금(누적) | 투자 수익금 | 총 자산 평가액 | 수익률 |
|---|---|---|---|---|
| 1년 | 2,200만 원 | 113만 원 | 2,313만 원 | 5.1% |
| 3년 | 4,600만 원 | 785만 원 | 5,385만 원 | 17.1% |
| 5년 | 7,000만 원 | 2,256만 원 | 9,256만 원 | 32.2% |
| 7년 | 9,400만 원 | 4,743만 원 | 1억 4,143만 원 | 50.5% |
| 10년 | 1억 3,000만 원 | 1억 473만 원 | 2억 3,473만 원 | 80.6% |

나는 50살에 진짜 투자를 시작했다

**분석**

- 5년 차: 총자산이 약 9,200만 원입니다. 원금(7,000만 원) 비중이 큽니다. 아직은 노동 소득(적립금)의 힘이 더 셉니다.
- 10년 차: 원금은 ˙억 3천만 원인데, 수익금이 1억 원을 돌파했습니다. 총자산은 2억 3,400만 원이 됩니다.
- 의미: 월 100만 원씩 저축해서 1억을 모으려면 8.3년이 걸리지만(이자 없을 때), 연 10% 복리 시스템을 타면 5년 반 만에 1억을 돌파하고, 10년 뒤엔 2.3억이 됩니다. 시간을 3년 이상 단축했습니다.


## 시나리오 B: 연평균 수익률 15%(액티브 시스템)

이번에는 우리가 설계한 포트폴리오(미국 주식+나스닥+비트코인 리밸런싱)를 통해 연 15% 수익률을 달성했을 때입니다. 5%p의 차이가 얼마나 거대한 격차를 만드는지 보십시오.

### 가정: 조건은 동일(초기 1천+월 100만 원)

[표 6-2] 연 15% 복리 성장 테이블

(단위: 원)

| 경과(년) | 총 원금(누적) | 투자 수익금 | 총 자산 평가액 | 10% 수익 시와 차이 |
|---|---|---|---|---|
| 1년 | 2,200만 원 | 172만 원 | 2,372만 원 | +59만 원 |
| 3년 | 4,600만 원 | 1,257만 원 | 5,857만 원 | +472만 원 |
| 5년 | 7,000만 원 | 3,896만 원 | 1억 896만 원 | +1,640만 원 |
| 7년 | 9,400만 원 | 8,787만 원 | 1억 8,187만 원 | +4,044만 원 |
| 10년 | 1억 3,000만 원 | 2억 1,324만 원 | 3억 4,324만 원 | +1억 851만 원 |

**분석**

- 5년 차: 1억 원을 돌파합니다. 10% 수익률일 때보다 1,600만 원 더 많습니다.

- 10년 차: 총자산은 3억 4,300만 원입니다. 10% 수익률일 때(2.3억)보다 무려 1억 원 이상 더 많습니다.

- 결론: 수익률 5%p 차이가 10년 뒤 자산을 약 1.5배(1억 원) 더 불려 주었습니다. 이것이 나스닥과 비트코인을 포트폴리오에 소량(5~20%)이라도 편입해야 하는 수학적 이유입니다.


## 스노우볼 효과: 자산이 스스로 자라는 '임계점'

워런 버핏은 투자를 "언덕 위에서 눈 뭉치를 굴리는 것"에 비유했습니다. 복리의 핵심은 처음엔 느리지만, 어느 순간 폭발적으로 커지는 '스노우볼 구간(Snowball Phase)'에 진입한다는 것입니다.

### 자본 소득 > 노동 소득(The Crossover Point)
월 100만 원씩 적립할 때, 한 달 투자 수익이 내 적립금(100만 원)을 넘어서는 순간은 언제일까요?

- 연 10% 수익 시: 자산이 1억 2,000만 원이 되는 시점(약 6년 차)
  - 월 수익: 1.2억×10%÷12개월= 100만 원
- 연 15% 수익 시: 자산이 8,000만 원이 되는 시점(약 4년 차)
  - 월 수익: 0.8억×15%÷12개월= 100만 원

이 시점이 지나면, 당신이 땀 흘러 넣는 100만 원보다, 돈이 벌어 오는 100만 원이 더 많아집니다. 이때부터 자산 증식 속도는 가속도 (Acceleration)가 붙습니다. 숨만 쉬어도 자산이 불어나는 구간입니다.

### 그래프로 보는 격차(J-Curve)

10년 차 그래프를 그려 보면, 초기 3~4년은 직선(Linear)에 가깝게 완만하지만, 7년 차를 넘어서면 하늘로 치솟는 J 커브 모양이 됩니다. 많은 투자자가 3~4년 차의 지루함을 견디지 못하고 포기합니다. 하지만 진짜 파티는 7년 차부터 시작됩니다.

## 리밸런싱을 통한 '추가 수익(Alpha)' 시뮬레이션

단순 보유(Buy & Hold)보다 리밸런싱이 수익률을 높여 준다는 것을 5장에서 배웠습니다. 그렇다면 실제 금액으로는 얼마나 차이가 날까요?

### 가정

- 포트폴리오: 주식 50% / 채권 50%
- 시장 상황: 10년 동안 주식과 채권이 번갈아 가며 상승 / 하락 반복(변동성 장세)
- 단순 보유 수익률: 연 8% 가정
- 리밸런싱 효과: 연 +1.5%p 추가 수익(변동성 수확) → 연 9.5%

[표 6-3] 1억 원 거치식 투자 10년 후 결과(리밸런싱 유무)

| 구분 | 연평균 수익률 | 10년 후 자산 | 차액 |
|---|---|---|---|
| 단순 보유 | 8.0% | 2억 1,589만 원 | - |
| 반기 리밸런싱 | 9.5% | 2억 4,782만 원 | +3,193만 원 |

1년에 두 번, 1시간씩 투자해서 버튼을 눌렀을 뿐인데 10년 뒤 3,000만 원이 더 생겼습니다. 이것은 당신의 1시간 노동 가치를 수백만 원으로 만들어 주는 '고소득 아르바이트'입니다. 리밸런싱은 선택이 아니라, 수익률을 높이는 기술(Skill)입니다.

## 10년의 기다림, 그 비용은 얼마인가?(Cost of Waiting)

이 챕터의 마지막 메시지는 '지금 당장 시작하라'입니다.

복리의 가장 큰 변수는 수익률이 아니라 '시간(Time)'이기 때문입니다.

### 시뮬레이션: 30세에 시작 vs 40세에 시작

두 명의 투자자 A와 B가 있습니다. 둘 다 60세에 은퇴합니다.

- A(30세 시작): 30세부터 40세까지 딱 10년만 매월 100만 원씩 투자하고, 그 뒤로 20년은 납입 없이 그냥 둠. (총원금 1.2억)
- B(40세 시작): 40세부터 60세까지 20년 동안 매월 100만 원씩 계속 투

나는 50살에 진짜 투자를 시작했다

자함. (총원금 2.4억

- 수익률: 둘 다 연 10% 가정

[표 6-4] 일찍 시작한 자 vs 많이 넣은 자(60세 시점 자산)

| 투자자 | 투자 기간 | 총 납입 원금 | 60세 시점 평가액 |
|---|---|---|---|
| A(30세~40세) | 10년 납입+20년 거치 | 1억 2,000만 원 | 15억 8,000만 원 |
| B(40세~60세) | 20년 납입(계속) | 2억 4,000만 원 | 7억 6,000만 원 |

충격적인 결과입니다. A는 B보다 원금을 절반밖에 안 넣었고, 투자도 먼저 끝냈습니다. 하지만 60세 때 자산은 A가 B보다 2배 이상(8억 원 차이) 많습니다.

이것이 초반 10년의 복리 효과가 후반 20년의 노력보다 강력하다는 증거입니다.

'나중에 돈 많이 벌면 해야지'라는 생각은 틀렸습니다. 적은 돈이라도 지금 시작해서 시간을 내 편으로 만드는 것이 훨씬 유리합니다.

1. 72의 법칙: 연 15% 수익률이면 내 자산은 5년마다 2배가 된다.

2. 10년의 기적: 월 100만 원씩 10년 투자하면, 10% 수익 시 2.3억, 15% 수익 시 3.4억이 된다. (원금은 1.3억)

3. 크로스오버 포인트: 투자 4~6년 차가 되면, 투자 수익이 내 월 적립금을 추월한다. 이때부터 자산은 폭발적으로 늘어난다.

4. 리밸런싱의 가치: 귀찮은 리밸런싱 작업이 10년 뒤 중형차 한 대 값 (3,000만 원)을 만들어 준다.

5. 시작이 반이다: 10년 일찍 시작한 사람이, 나중에 2배로 노력한 사람보다 부자가 된다. 오늘이 당신의 인생에서 가장 빨리 부자가 될 수 있는 날이다.

# 2. 상승기 / 하락기 대응 시뮬레이션
## : 역사가 검증한 방패

이 챕터는 이 책의 '신뢰성'을 결정짓는 가장 중요한 파트입니다. 단순히 '좋을 것이다'라는 추측이 아니라, 2000년 닷컴 버블, 2008년 금융 위기, 2022년 인플레이션 쇼크 등 투자자들이 가장 공포에 떨었던 역사적 순간들로 돌아가, 우리 시스템이 어떻게 계좌를 방어하고 수익을 냈는지 수치와 로직으로 완벽하게 증명합니다.

"백미러를 보지 않고 운전할 수 없듯, 과거를 검증하지 않고 미래를 투자할 수 없다. 최악의 위기에서도 이 시스템은 살아남았다. 그리고 우리를 부자로 만들었다."

투자 전략의 우수성은 상승장이 아니라 하락장에서 증명됩니다. 누구나 돈을 버는 상승장에서는 실력 차이가 드러나지 않습니다. 하지만 -50% 폭락장이 닥쳤을 때, 누구는 시장을 떠나고 누구는 헐값에 자산을 쓸어 담아 더 큰 부자가 됩니다.

이 챕터에서는 우리가 구축한 '자동 투자 시스템(자산 배분+리밸런싱+200일선)'을 과거 가장 혹독했던 4번의 위기 상황에 대입해 봅니다. 이를 '스트레스 테스트(Stress Test)'라고 합니다. 과연 우리 시스템은 2008년 금융 위기의 과도를 넘을 수 있었을까요?

# Case Study 1: 2000년 닷컴 버블(The Dot-com Bubble)

IT 기술주에 대한 광기가 극에 달했다가 순식간에 꺼지면서, 나스닥 지수가 -80% 가까이 폭락했던 시기입니다.

## 시장 상황(The Crisis)

- 기간: 2000년 3월~2002년 10월(약 2년 6개월간 하락)
- S&P 500: 고점 대비 -49% 하락
- 나스닥 100: 고점 대비 -82% 하락(기술주 몰락)
- 특징: '인터넷 기업은 묻지 마라' 식의 투기가 무너지며 수많은 개미 투자자가 파산했습니다. 단순히 '장기 보유 하면 된다'던 믿음이 깨졌습니다. (나스닥이 원금을 회복하는 데 15년이 걸림)

## 시스템의 대응(The Defense)

만약 1999년 말, 당신이 우리 시스템(주식 50%, 채권 30%, 금 10%, 현금 10%)을 가지고 있었다면 어땠을까요?

## 자산 배분의 힘: 시소 효과

주식이 반토막 나는 동안, 안전 자산인 미국 국채(Treasury)는 금리 인하 기조 속에 가격이 급등했습니다. 주식의 손실을 채권의 수익이 상쇄했습니다.

- 미국 주식: -49% 폭락
- 미국 국채(10년): +33% 상승

- 금(Gold): 횡보 후 상승 전환

## 리밸런싱의 마법: 저존 매수
- 2000년 10월: 주식이 폭락하여 비중이 줄어들자, 시스템은 비싸진 채권을 팔아 반토막 난 기술주(아마존, MS 등)를 기계적으로 매수했습니다.
- 2001년 4월: 추가 하락 시에도 계속해서 주식 수량을 늘렸습니다. (코스트 에버리지 효과 극대화)

## 200일 이동평균선 필터: 조기 탈출

가장 결정적인 한 방입니다.

- 2000년 9월: S&P 500 지수가 200일 이동평균선을 하향 돌파했습니다.
- 시스템 행동: 리스크 관리 원칙에 따라 주식 비중을 최소화하고 현금 / 단기채로 대피했습니다. 덕분에 이후 이어진 2년간의 지루한 추가 하락 (-30% 이상)을 피할 수 있었습니다.

## 최종 성적표(Result)
- 단순 보유(S&P 500): -49%(자산 반토막)
- 자동 투자 시스템: -5%~+5%(원금 보존 또는 소폭 수익)

남들이 한강을 찾을 때, 우리 시스템은 평온하게 자산을 지켰습니다. 그리고 2003년 새로운 상승장이 시작될 때, 미리 헐값에 사 둔 주식들이 폭등하며 수익률 격차를 벌렸습니다.

# Case Study 2: 2008년 글로벌 금융 위기(The Great Recession)

자본주의 시스템 자체가 붕괴할 뻔했던, 1929년 대공황 이후 최악의 위기입니다.

## 시장 상황(The Crisis)
- 기간: 2007년 10월~2009년 3월
- S&P 500: 고점 대비 -57% 하락
- 특징: 리먼 브라더스 파산으로 전 세계 금융 시스템이 마비되었습니다. 주식, 부동산, 원자재 등 거의 모든 자산이 투매에 시달렸습니다.

## 시스템의 대응(The Defense)
### 채권의 슈퍼 캐리(Super Carry)
금융 위기가 터지자 연준(Fed)은 기준 금리를 5.25%에서 0%로 수직 낙하 시켰습니다. 이로 인해 미국 장기 국채(TLT) 가격이 폭등했습니다.

- 2008년 주식: -37%
- 2008년 장기채: +34%

주식에서 까먹은 돈을 채권이 고스란히 벌어다 주었습니다. 이것이 바로 '음의 상관관계'를 이용한 방어입니다.

나는 50살에 진짜 투자를 시작했다

### 금의 반전 드라마

위기 초기(2008년 상반기)에는 금값도 -30% 떨어졌습니다(현금 확보를 위한 투매). 하지만 시스템 붕괴 공포가 확산되자 하반기부터 금이 급반등했고, 이후 3년간 160% 상승하며 포트폴리오 수익률을 견인했습니다.

### 리밸런싱: 공포를 사는 용기

2009년 3월, S&P 500 지수가 666포인트(지옥의 숫자) 바닥을 찍었을 때, 세상은 '주식은 끝났다'고 했습니다. 하지만 우리 시스템은 10월과 4월 리밸런싱을 통해, 폭등한 국채를 팔아 휴지 조각이 된 주식을 대거 매수했습니다.

이때 산 주식은 이후 2019년까지 이어진 10년 대상승장(Bull Market)의 씨앗이 되었습니다.

### 최종 성적표(Result)

- 단순 보유(S&P 500): -57%(회복까지 4년 소요)
- 자동 투자 시스템 -15%(회복까지 1년 소요)

-57%를 맞으면 원금 회복을 위해 +132%의 수익이 필요합니다. 하지만 -15%는 +18%만 오르면 회복됩니다. 우리 시스템은 '회복 탄력성(Resilience)'에서 압도적인 차이를 보여 주었습니다.

## Case Study 3: 2020년 코로나19 팬데믹(The Flash Crash)

역사상 가장 빠르고 가파르게 떨어진 '단기 쇼크'입니다.

### 시장 상황(The Crisis)

- 기간: 2020년 2월~3월(단 한 달)

- S&P 500: 고점 대비 -34% 하락

- 특징: 실물 경제가 강제로 셧다운(Shutdown) 되며 공포가 극에 달했습니다. 하지만 각국 중앙은행의 무제한 돈 풀기로 V 자 반등에 성공했습니다.

### 시스템의 대응(The Defense)

**200일 선의 경고는 늦었다?**

폭락 속도가 너무 빨라서, 200일 선을 깨고 내려갔을 때는 이미 -15% 정도 빠진 상태였습니다. 하지만 시스템은 '자산 배분'으로 버텼습니다.

**채권과 금의 동반 상승**

공포에 질린 자금이 안전 자산으로 쏠리면서 미국채와 금이 동시에 급등했습니다. 주식 비중이 50%였더라도, 나머지 50%(채권 / 금)가 수익을 내주어 전체 계좌 방어율은 훌륭했습니다.

**절호의 리밸런싱(2020년 4월 21일)**

운명의 2020년 4월 21일. 시장은 바닥을 찍고 반등을 시작하던 차였습니다. 우리 시스템은 원칙에 따라 '비싸진 채권 / 금을 팔고, 아직 싼 주식을 사는' 리밸런싱을 단행했습니다.

이 행동은 이후 펼쳐진 '유동성 파티(2020~2021년)'에서 수익률을 극대화하는 신의 한 수가 되었습니다.

### 최종 성적표(Result)

- 단순 보유: 극심한 롤러코스터로 멘탈 붕괴. (저점 매도 가능성 높음)
- 자동 투자 시스템: MDD -10% 내외 방어 후, 연말 기준 +20% 이상 수익 달성.

## Case Study 4: 2022년 인플레이션 쇼크(The Perfect Storm)

투자자들에게 가장 고통스러웠던 해입니다. 주식과 채권이 같이 떨어졌기 때문입니다.

### 시장 상황(The Crisis)

- 기간: 2022년 1월~12월
- S&P 500: -19%
- 미국 장기채(TLT): -33%(채권 역사상 최악의 해)
- 60/40 포트폴리오: -17%(방어 실패)

### 시스템의 대응: 우리는 무엇이 달랐나?

일반적인 60/40 전략(주식 6:채권 4)은 2022년에 처참하게 깨졌습니다. 하지만 우리 시스템은 '3가지 비밀 병기' 덕분에 살아남았습니다.

### 달러(USD)의 방어(킹달러)

한국 투자자에게는 환율이 최고의 방패였습니다. 미국 주식/채권이 떨어졌지만, 원/달러 환율이 1,200원에서 1,440원까지 +20% 급등했습니다.

환노출 효과: 주식 -20% + 환율 +20% = 원화 기준 0% (본전)

### 금(Gold)과 원자재의 선방

주식과 채권이 죽 쑤는 동안, 인플레이션 수혜 자산인 금과 원자재는 가격을 유지하거나 올랐습니다. 포트폴리오에 섞어 둔 금 10%가 계좌가 녹는 것을 막아 주었습니다.

### 단기채 / 현금 비중(Barbell Strategy)

우리는 채권을 30년물(장기)과 1년물(단기)로 나눠 담았습니다(바벨 전략). 30년물이 -30% 박살 날 때, 단기채(SHV)는 금리 인상의 수혜를 입으며 플러스 수익을 냈고, 현금 역할을 톡톡히 했습니다.

### 최종 성적표(Result)

- 일반 60/40(환헤지): -17%(손실)
- 자동 투자 시스템(환노출): -3%~+3%(보합 또는 소폭 수익)

모두가 "주식도 채권도 답이 없다"고 절망할 때, 우리는 환율과 대체 자산(금) 그리고 정교한 채권 전략으로 손실을 '0'에 수렴시켰습니다. 이것이 바로 올웨더(All-Weather) 전략의 진가입니다.


## 종합 분석: 30년 백테스트 결과 요약

1994년부터 2024년까지, 지난 30년간 우리 시스템을 돌렸다면 어떤 결과가 나왔을까요?

[표 6-5] 자동 투자 시스템 vs S&P 500 30년 성과 비교

| 구분 | S&P 500<br>(단순 보유) | 자동 투자 시스템<br>(리밸런싱) | 비고 |
|---|---|---|---|
| 연평균 수익률<br>(CAGR) | 10.2% | 9.5% | 수익률은 약간 낮음 |
| 최대 낙폭(MDD) | -56.8% | -18.5% | 위험은 1/3로 감소 |
| 최악의 해 수익률 | -38% (2008) | -6% (2008) | 어떤 해도 큰 손실 없음 |
| 변동성(Volatility) | 15.4% | 7.8% | 맘 편한 투자 |
| 샤프 지수(효율성) | 0.55 | 0.92 | 투자 효율성 압도적 |


### 데이터 해석
- 수익률: S&P 500 몰방보다 연 0.7%p 낮습니다. 하지만 이것은 '수수료'라고 생각해야 합니다.
- 위험 관리: MDD가 -57%에서 -18%로 획기적으로 줄었습니다. -57%를 견딜 수 있는 사람은 거의 없습니다. 하지만 -18%는 누구나 버틸 수

있습니다.

- 지속 가능성: 시스템의 가장 큰 장점은 '중도 포기 하지 않게 해 준다'는 것입니다. 꾸준히 9.5%의 복리를 누린 사람이, 중간에 -50% 맞고 시장을 떠난 사람보다 100배 더 부자가 됩니다.

## 상승장 시뮬레이션: 소외되지 않는 즐거움

"너무 방어적인 거 아닌가요? 상승장에서 소외되면 어쩌죠?"

걱정하지 마십시오. 우리 시스템에는 '나스닥 100'과 '비트코인'이라는 공격수가 있습니다.

### 2023~2024년 AI 랠리

- 상황: 엔비디아, 마이크로소프트 등 AI 관련주가 폭등하며 나스닥이 +50% 이상 오름.
- 시스템: 포트폴리오 내 나스닥(20%)과 S&P 500(30%)이 수익을 견인.
- 결과: 시장 지수만큼은 아니더라도, 예금이나 채권 투자자들을 비웃을 만큼 충분히 높은 수익(연 15% 이상)을 향유함.

우리는 상승장의 꼭대기(Head)는 먹지 못합니다. 하지만 무릎에서 어깨까지(Body)는 확실하게 먹습니다. 그리고 하락장의 지하실(Floor)은 구경만 합니다. 이것이 장기적으로 승리하는 비결입니다.

나는 50살에 진짜 투자를 시작했다

## 결론: 이기는 투자가 아니라 지지 않는 투자를 하라

과거 데이터를 통해 우리는 확인했습니다.

이 시스템은 그 어떤 경제 위기가 와도 '당신의 자산을 지켜 낸다'는 사실을요.

닷컴 버블의 붕괴도, 글로벌 금융위기의 공포도, 코로나19의 충격도, 인플레이션의 습격도, 이 건고한 요새를 뚫지는 못했습니다.

미래에 어떤 위기가 올지 우리는 알 수 없습니다. 하지만 한 가지는 확신할 수 있습니다. 이 시스템과 함께라면, 당신은 그 위기를 웃으면서 넘길 수 있을 것입니다.

# 3. 연금 계좌 누적 수익률 모델
## : 세금이 만드는 '제3의 수익'

　이 챕터는 단순한 수익률 계산이 아닙니다. 일반 계좌 vs 연금 계좌의 세후 수익률 격차, ISA 만기 자금을 활용한 '연금 부스터' 전략 그리고 은퇴 후 세금을 최소화하는 인출 전략(Exit Plan)까지 포함된 '한국형 연금 투자의 집대성'입니다. 이 챕터는 단순한 수익률 계산이 아닙니다. 일반 계좌 vs 연금 계좌의 세후 수익률 격차, ISA 만기 자금을 활용한 '연금 부스터' 전략, 그리고 은퇴 후 세금을 최소화하는 인출 전략(Exit Plan)까지 포함된 '한국형 연금 투자의 집대성'입니다.

　"진정한 부자는 세후(After-Tax) 수익률로 말한다. 국가가 허락한 유일한 합법적 탈세 바구니, 연금 계좌를 지배하는 자가 노후를 지배한다."

　앞서 우리는 복리(Compound Interest)의 위력을 확인했습니다. 하지만 현실 세계에는 복리의 적(Enemy)이 하나 있습니다. 바로 '세금(Tax)'입니다.

　일반 계좌에서 매년 15.4%의 세금을 떼이는 것과 연금 계좌에서 세금을 내지 않고 원금에 재투자하는 것. 이 작은 차이가 20년 뒤에는 수억 원의 격차를 만듭니다.

　이 챕터에서는 연금 저축, IRP, ISA라는 '절세 삼총사'를 완벽하게 해부하고, 이들을 조합하여 '세후 수익률'을 극대화하는 시뮬레이션을 돌려 봅니다.

## 절세 계좌 3대장: 연금 저축 vs IRP vs ISA 완벽 비교

많은 직장인이 이 세 가지 계좌의 차이를 헷갈려합니다. 각각의 목적과 특징을 명확히 이해해야 '최적의 포트폴리오'를 짤 수 있습니다.

### ISA(개인종합자산관리계좌): '만능 통장'

- 정의: 예금, 주식, 펀드, ELS 등 다양한 금융 상품을 한 계좌에 담아 굴리면서 비과세 혜택을 받는 '바구니'.
- 핵심 혜택:
  - 비과세: 순수익 200만 원(서민형 400만 원)까지 세금 0원
  - 분리과세: 한도 초과 수익은 9.9% 저율 과세(일반 15.4%보다 유리)
  - 손익 통산: 이익과 손실을 합쳐서 순수익에만 과세(손실 난 만큼 세금 줄어듦)
- 목적: '중기(3~5년) 목돈 마련'에 최적화. (결혼 자금, 주택 구입 자금 등)

### 연금저축펀드: '노후 준비의 베이스캠프'

- 정의: 개인이 노후를 위해 자발적으로 가입하는 연금 제도. 증권사에서 ETF 거래 가능.
- 핵심 혜택: 연 600만 원 세액공제+과세 이연.
- 특징: 위험 자산(주식형 ETF)을 100%까지 담을 수 있어 공격적인 운

용이 가능함. 중도 인출이 비교적 자유로움.

## IRP(개인형 퇴직 연금): '강제 저축의 끝판왕'

- 정의: 퇴직금을 받거나 개인이 추가로 납입하여 운용하는 퇴직 연금 계좌.
- 핵심 혜택: 연 900만 원 세액공제(연금 저축 포함)+과세 이연.
- 특징: 안전 자산 30% 의무 보유 룰이 있어 다소 보수적임. 원칙적으로 중도 인출 불가(강제 장기 투자).

[표 6-6] ISA vs 연금 저축 vs IRP 심층 비교표

| 구분 | ISA(중개형) | 연금저축펀드 | IRP(개인형 퇴직연금) |
|---|---|---|---|
| 가입 대상 | 19세 이상 거주자 | 누구나(소득 무관) | 소득이 있는 취업자 |
| 납입 한도 | 연 2,000만 원(최대 1억) | 연 1,800만 원(통합) | 연 1,800만 원(통합) |
| 세제 혜택 | 비과세(200만 원)+9.9% | 세액공제(최대 16.5%) | 세액공제(최대 16.5%) |
| 투자 제한 | 해외 주식 직접 투자 불가 (국내 상장 ETF는 가능) | 레버리지 / 인버스 불가 | 위험 자산 70% 제한 선물 ETF 불가 |
| 만기/인출 | 3년 의무 가입(이후 자유) | 55세 이후 연금 수령 | 55세 이후 연금 수령 |
| 추천 용도 | 3~5년 중기 자금+연금 전환용 | 장기 투자 메인 계좌 | 세액공제 한도 채우기용 |

## 전략: 'ISA 만기 자금 연금 전환'이라는 치트키

정부는 ISA 만기 자금을 연금 계좌로 옮기면 파격적인 혜택을 줍니다. 이를 활용하면 연금 계좌의 한도를 뚫고 자산을 불릴 수 있습니다.

### 3년 풍차 돌리기 전략

- 가입: ISA 계좌를 만들고 3년 동안 매월 50~100만 원씩 납입하여 목돈을 만듭니다.
- 운용: 국내 상장 미국 ETF(S&P 500 등)로 수익을 냅니다.
- 만기(3년 후): 만기 자금(원금+수익) 전액을 연금저축펀드로 이체합니다.
- 혜택:
  - 추가 세액공제: 이체 금액의 10%(최대 300만 원)를 추가로 공제해 줍니다.
  - 한도 확대: 연간 납입 한도(1,800만 원)와 상관없이 이체 가능합니다.
  - 반복: ISA를 해지하고 재가입하여 다시 3년을 굴립니다.

이 전략을 쓰면 3년마다 최대 3,300만 원(3,000만 원 이체 시 300만 원 공제)의 연금 자산을 추가로 쌓으면서 세금 혜택을 극대화할 수 있습니다.

## 과세 이연 시뮬레이션: 세금을 내지 않는 20년

"나중에 연금 받을 때 세금 내니까 조삼모사(朝三暮四) 아닌가요?"

절대 아닙니다. '세금을 내지 않고 굴린 이자'가 또 이자를 낳는 효과 때문에 최종 수령액은 엄청나게 차이가 납니다.

**시나리오: 일반 계좌 vs 연금 계좌**

- 투자금: 1억 원 거치
- 연 수익률: 10%
- 기간: 20년
- 세금: 일반 계좌(매년 15.4% 차감), 연금 계좌(과세 이연 후 5.5% 차감)

[표 6-7] 과세 이연의 복리 효과 비교

| 경과 년수 | 일반 계좌<br>(15.4% 매년 과세) | 연금 계좌<br>(세전 복리) | 격차<br>(Gap) |
|---|---|---|---|
| 5년 | 1억 5,000만 원 | 1억 6,105만 원 | +1,100만 원 |
| 10년 | 2억 2,500만 원 | 2억 5,937만 원 | +3,400만 원 |
| 20년 | 5억 6,000만 원 | 6억 7,275만 원 | +1억 1,200만 원 |
| 최종 수령 | 5억 6,000만 원(세후) | 6억 3,575만 원(5.5% 납부 후) | +7,500만 원 이득 |

20년 뒤 연금소득세(5.5%)를 한꺼번에 내더라도, 연금 계좌가 일반 계좌보다 7,500만 원 더 많습니다.

매년 뜯길 세금(15.4%)이 계좌에 남아 복리로 굴러갔기 때문입니다. 기간이 길어질수록, 수익률이 높을수록, 이 격차는 기하급수적으로 벌어집니다.

나는 50살에 진짜 투자를 시작했다

# 누적 수익률 모델: 13월의 월급을 재투자하라

연금 계좌의 진짜 마법은 '세액공제 환급금 재투자'에서 나옵니다.

매년 초 돌려받는 148만 원(또는 118만 원)을 탕진하지 않고 다시 연금 계좌에 넣었을 때, 자산은 어떻게 될까요?

### 시나리오: 직장인 최 과장의 은퇴 플랜

- 연봉: 5,000만 원(세액공제율 16.5%)
- 납입: 매년 900만 원(월 75만 원) 꽉 채움
- 환급액: 매년 148만 5천 원
- 전략: 환급액을 매년 1월에 다시 입금하여 투자함(총 납입 연 1,048만 원 효과)
- 수익률: 연 8% 가정

[표 6-8] 환급금 재투자 vs 미투자 성과 비교(20년)

| 구분 | 환급금 소비<br>(홀라당 씀) | 환급금 재투자<br>(복리 가속) | 차이 |
|---|---|---|---|
| 총 납입 원금 | 1억 8,000만 원 | 2억 970만 원 | +2,970만 원 |
| 10년 후 자산 | 1억 4,000만 원 | 1억 6,500만 원 | +2,500만 원 |
| 20년 후 자산 | 4억 4,000만 원 | 5억 2,000만 원 | +8,000만 원 |

매년 돌려받는 공돈(환급금)을 재투자한 것만으로 20년 뒤 8,000만 원이라는 거금이 추가로 생겼습니다. 이것이 국가가 주는 보너스를 극대화하는 방법입니다.

## Exit Plan: 세금을 가장 적게 내는 인출의 기술

열심히 불린 돈, 뺄 때 세금 폭탄을 맞으면 억울합니다. 연금 개시 시점(55세 이후)에 알아야 할 '절세 인출 전략'입니다.

### 연간 1,500만 원 룰(The Golden Rule)

사적 연금(연금 저축+IRP) 수령액이 연간 1,500만 원을 넘지 않게 조절해야 합니다.

(※ 2024년 세법 개정으로 1,200만 원 → 1,500만 원 상향)

- 1,500만 원 이하: 3.3%~5.5% 분리과세로 종결. (세금 혜택 Good)
- 1,500만 원 초과: 수령액 전액에 대해 16.5% 분리과세 또는 종합소득
  세 과세 선택. (세금 부담 증가)

### 수령 기간을 늘려라(Stretch Strategy)

적립금이 3억 원이라면, 10년 만에 다 받으려 하지 말고 20년, 30년으로 나누어 받으십시오.

- 연 1,500만 원×20년= 3억 원

이렇게 하면 평생 3.3~5.5%의 최저 세율만 내면서 자산을 꺼내 쓸 수 있습니다.

나는 50살에 진짜 투자를 시작했다

## 나이가 들수록 세금은 줄어든다

연금소득세율은 나이에 따라 내려갑니다. 급하지 않다면 최대한 늦게 받는 것이 유리합니다.

- 55세~69세: 5.5%
- 70세~79세: 4.4%
- 80세 이상: 3.3%

### ⚡ 핵심 요약

1. 3개의 주머니: 단기는 일반, 중기는 ISA, 장기는 연금 / IRP. 이 구조를 확립하라.

2. ISA 3년 풍차: 3년마다 ISA 만기 자금을 연금으로 넘겨라. 세액공제 한도(300만 원 추가)와 납입 한도를 동시에 뚫는 비기(秘技)다.

3. 과세 이연의 힘: 세금을 안 내고 재투자하는 효과는 20년 뒤 1억 원의 차이를 만든다.

4. 환급금 재투자: 연말정산 환급금은 '보너스'가 아니라 '재투자 종잣돈'이다. 이것이 수익률을 1.2배로 뻥튀기한다.

5. 1,500만 원의 법칙: 나중에 연금을 받을 때는 월 125만 원(연 1,500만 원)을 넘지 않도록 수령 기간을 길게 잡아라.

# 7장

# 리스크 관리와
# 멘탈 시스템

# 1. 손실 최소화 중심 의사 결정
## : 뇌(Brain)를 이기는 시스템

   이 챕터는 단순한 '손절매' 기술을 가르치는 것이 아닙니다. 대니얼 카너먼의 전망 이론(Prospect Theory), 손실 회피 편향, 처분 효과 등 행동경제학의 핵심 이론을 바탕으로 '왜 인간은 투자에 실패하도록 설계되었는가?'를 규명하고, 이를 극복하는 '시스템적 해법'을 제시합니다.

> "투자의 제1원칙, 절대로 돈을 잃지 마라. 투자의 제2원칙, 제1원칙을 절대로 잊지 마라."
>
>                         — 워런 버핏(Warren Buffett)

   우리는 돈을 벌기 위해 투자를 합니다. 하지만 역설적이게도, 돈을 벌려고 달려드는 순간 계좌는 녹아내리고, 돈을 잃지 않으려고 방어하는 순간 계좌는 불어납니다. 이것이 투자의 가장 큰 아이러니입니다.

   왜 그럴까요? 인간의 뇌가 투자에 적합하지 않게 진화했기 때문입니다. 우리의 뇌는 원시 시대의 생존 본능에 맞춰져 있어서, 금융 시장의 확률 게임 앞에서는 끊임없이 오류(Bias)를 일으킵니다.

   이 챕터에서는 노벨 경제학상을 받은 '전망 이론(Prospect Theory)'을 통해 우리 뇌의 설계도를 해부하고, 감정에 휘둘리지 않고 '손실을 최소화하는 의사 결정 시스템'을 만드는 법을 배웁니다.


## 인간의 본능 해부: 손실 회피 편향(Loss Aversion)

당신에게 두 가지 제안을 하겠습니다.

- A: 동전을 던져서 앞면이 나오면 100만 원을 받고, 뒷면이 나오면 100만 원을 잃습니다.
- B: 그냥 아무것도 하지 않습니다. (0원)


수학적 기댓값은 A와 B 모두 '0원'으로 같습니다. 하지만 90% 이상의 사람은 B(하지 않음)를 선택합니다. 왜냐하면 100만 원을 딸 때의 기쁨보다, 100만 원을 잃을 때의 고통이 훨씬 크기 때문입니다.


### 2.5배의 고통(The Ratio of Pain)

행동경제학의 창시자 대니얼 카너먼과 아모스 트버츠키의 연구에 따르면, 인간은 이익의 기쁨보다 손실의 고통을 약 2.5배 더 크게 느낍니다. 이를 '손실 회피 편향(Loss Aversion Bias)'이라고 합니다.

- 100만 원 수익의 기쁨: +100 유닛
- 100만 원 손실의 고통: -250 유닛


이 본능 때문에 투자자들은 하락장에서 이성적인 판단을 잃고 '패닉(Panic)' 상태에 빠집니다.

## 전망 이론 그래프의 비밀

위의 그래프(전망 이론 가치 함수)를 보십시오.

- 이익 구간(오른쪽): 그래프가 완만합니다. 돈을 벌면 처음엔 기쁘지만, 금액이 커질수록 감흥이 줄어듭니다. (한계 효용 체감)
- 손실 구간(왼쪽): 그래프가 가파르게 떨어집니다. 작은 손실에도 인간은 극심한 심리적 타격을 입습니다.

이 비대칭성이 투자를 망치는 주범입니다. 주가가 10% 빠지면 뇌는 마치 사자에게 쫓기는 것 같은 공포 신호(편도체 활성화)를 보냅니다. 그래서 '더 떨어지기 전에 팔자'며 바닥에서 투매(Panic Sell)를 하게 되는 것입니다.

## 처분 효과: 뛰는 말에서 내리고, 죽은 말에 올라타다

손실 회피 편향이 만들어 낸 최악의 투자 습관이 바로 '처분 효과(Disposition Effect)'입니다. 이는 '오르는 주식(Winner)은 너무 빨리 팔아 버리고, 내리는 주식(Loser)은 너무 오래 들고 있는 현상'을 말합니다.

## 이익 실현의 조급함(Selling Winners Too Early)

주식이 10% 오르면, 우리 뇌는 불안해합니다.

"지금 안 팔면 수익이 사라질지도 몰라. 빨리 팔아서 이익을 확정 짓자."

그래서 100% 오를 수 있는 주식을 10%만 먹고 팝니다. (꽃을 꺾어 버림)

## 손실 확정의 두려움 (Holding Losers Too Long)

반대로 주식이 -10% 떨어지면 우리 뇌는 현실을 부정합니다.

"아냐, 이건 일시적이야. 팔지 않으면 손실이 아니야(존버). 언젠가 오르겠지."

손실을 확정 짓는 고통을 피하기 위해 -50%가 될 때까지 '물타기'를 하며 버팁니다. (잡초에 물을 줌)

[표 7-4] 개인 투자자의 매매 패턴(처분 효과)

| 구분 | 주가 상승 시(수익 구간) | 주가 하락 시(손실 구간) |
|---|---|---|
| 심리 | "수익이 사라질까 봐 두렵다" | "손실을 인정하기 싫다" |
| 행동 | 조기 매도(익절) | 장기 보유(비자발적 장투) |
| 결과 | 작은 이익(Small Win) | 거대한 손실(Big Loss) |

이 패턴이 반복되면 계좌에는 '파란불(손실)' 종목만 가득 남게 됩니다. 이것을 '계좌의 잡초화'라고 부릅니다. 우리 시스템은 이 본능을 정반대로 뒤집는 것입니다.

## 손실 회복의 수학: -50%는 -50%가 아니다

손실을 최소화해야 하는 진짜 이유는 심리 때문만이 아닙니다. 수학적으로 손실을 복구하는 것이 수익을 내는 것보다 훨씬 어렵기 때문입니다. 이를 '손실의 비대칭성'이라고 합니다.

### 복구 수익률의 함정

1,000만 원이 -50% 손실이 나서 500만 원이 되었습니다. 다시 원금 (1,000만 원)이 되려면 몇 퍼센트가 올라야 할까요?

50%가 아닙니다. 500만 원의 50%는 250만 원이므로, 합쳐 봤자 750만 원밖에 안 됩니다.

500만 원이 1,000만 원이 되려면 +100%(2배)가 올라야 합니다.

[표 7-2] 손실률에 따른 원금 회복 필요 수익률

| 손실률 (Drawdown) | 원금 회복에 필요한 수익률 | 난이도 |
|---|---|---|
| -10% | +11% | 쉬움 |
| -20% | +25% | 할 만함 |
| -30% | +43% | 어려움 |
| -50% | +100% | 매우 어려움(전문가 영역) |
| -90% | +900%(10배) | 불가능(기적) |

손실률이 -20%를 넘어가면 복구 난이도가 급격히 올라갑니다. -50%가 되면 사실상 원금 회복은 불가능에 가까워집니다. 워런 버핏이 "돈을 잃지 마라"라고 강조한 이유는, 한 번의 큰 손실(Deep Drawdown)이 복리 효과를 영원히 파괴하기 때문입니다.

## 시스템은 어떻게 손실을 방어하는가?

우리가 앞서 배운 '자산 배분'과 '리밸런싱'은 바로 이 인간의 뇌 결함과 수학적 불리함을 극복하기 위해 설계된 장치입니다.

### 자산 배분의 역할: MDD 제어

주식 100% 몰방 투자는 하락장에서 -50%를 맞을 수 있습니다. 하지만 채권과 금을 섞은 포트폴리오는 최악의 경우에도 -15%~-20% 선에서 방어합니다.

- 효과: -20% 손실은 +25%만 수익 내면 복구됩니다. '다시 일어설 수 있는 수준'에서 손실을 막아 주는 것입니다.

### 리밸런싱의 역할: 처분 효과 역이용

리밸런싱은 '처분 효과'를 기계적으로 차단합니다.

- 상승 시: 주식이 오르면(Winner) 비중이 커집니다. 시스템은 이를 강제로 팝니다. (탐욕 저어, 이익 확정)

- 하락 시: 주식이 내리면(Loser) 비중이 작아집니다. 시스템은 이를 강제로 삽니다. (공포 제어, 저가 매수)

대부분의 사람이 '오르면 사고 내리면 파는' 동안, 당신은 시스템에 의해 '오르면 팔고 내리면 사는' 유일한 투자자가 됩니다.

## 공포 탐욕 지수(Fear & Greed Index) 활용법

투자 심리를 객관적으로 보여 주는 지표를 활용하면 감정적 의사 결정을 줄일 수 있습니다. CNN 비즈니스에서 제공하는 '공포와 탐욕 지수'가 대표적입니다.

### 지수의 구성(0~100)

- 0~25(Extreme Fear): 극도의 공포, 시장 바닥, 투매가 나오는 시기
- 25~45(Fear): 공포, 약세장
- 45~55(Neutral): 중립
- 55~75(Greed): 탐욕, 강세장
- 75~100(Extreme Greed): 극도의 탐욕, 시장 과열, 상투

### 시스템적 대응 규칙

우리는 리밸런싱 날(4/21, 10/21) 외에도, 이 지수가 극단적인 값을 보일 때 '예외적 대응'을 할 수 있습니다.

- 지수 〈 20(극도의 공포):
  - 대중이 공포에 질려 던질 때입니다. 이때는 '절대 주식을 팔지 않는다'는 원칙을 세웁니다. 오히려 여유 현금이 있다면 추가 매수(물타기)를 고려할 시점입니다.

- 지수 〉 80(극도의 탐욕):
  - 대중이 흥분해서 빚내서 주식을 살 때입니다. 이때는 '절대 주식을 사지 않는다'는 원칙을 세웁니다. 오히려 목표 비중을 초과한 주식을 미리 팔아 현금을 확보(차익 실현)할 시점입니다.

## 의사 결정의 3단계 프로토콜(Checklist)

감정이 흔들릴 때마다 꺼내 볼 수 있는 '의사 결정 매뉴얼'입니다. 매수 / 매도 버튼을 누르기 전, 반드시 이 3가지를 자문하십시오.

### 질문 1. 나는 지금 팩트(Fact)에 반응하는가, 감정(Feeling)에 반응하는가?
- 감정: '너무 무서워.', '더 오를 것 같아', '뉴스에서 망한대'
- 팩트: '현재 PBR이 0.9배다', '주식 비중이 목표보다 5% 낮다', '200일 선이 깨졌다'
- 행동: 감정적 이유라면 멈추고, 팩트(데이터)에 근거할 때만 버튼을 누르십시오.

## 질문 2. 이 결정이 10년 뒤에도 유효한가?

- 지금의 급등주 추격 매수가 10년 뒤에도 잘한 일일까요?
- 지금의 공포 투매가 10년 뒤에 후회되지 않을까요?
- 시스템(자산 배분)을 지키는 것은 10년 뒤 반드시 칭찬받을 일입니다.

## 질문 3. 최악의 경우를 감당할 수 있는가?(Stress Test)

- 내가 지금 사려는 자산이 반토막이 나도 내 삶(생활비, 대출 이자)에 지장이 없는가?
- 지장이 있다면 비중을 줄여야 합니다. '잠 잘 오는 투자(Sleep-well Investing)'가 최고의 투자입니다.

### 🔼 핵심 요약

1. 손실 회피 편향: 인간은 100만 원 버는 기쁨보다 100만 원 잃는 고통을 2.5배 더 크게 느낀다. 그래서 하락장에서 패닉 셀링을 한다.

2. 처분 효과: 오르는 주식은 빨리 팔고, 내리는 주식은 오래 들고 있는 '잡초 키우기' 습관을 버려라. 리밸런싱이 그 해답이다.

3. 손실의 비대칭성: -50% 손실을 복구하려면 +100% 수익이 필요하다. 애초에 -50%를 맞지 않는 것(MDD 관리)이 수익률보다 중요하다.

4. 역발상 지표: 공포 탐욕 지수가 20 미만일 때 용기를 내고, 80 이상일 때 절제하라.

5. 시스템의 승리: 뇌의 오류를 인정하고, 규칙(Rule)에 의사결정을 위임하라. 그것이 시장에서 살아남는 유일한 길이다.

## 2. 감정이 아닌 시스템에 의존하기
### : 멘탈을 지키는 자동화 기술

'나는 멘탈이 강해서 괜찮아'라고 생각하는 투자자가 가장 위험합니다. 이 챕터에서는 '의지력(Willpower)'은 고갈되는 자원이라는 사실을 뇌과학적으로 증명하고, 의지 대신 '환경(Environment)'과 '도구(Tool)'를 세팅하여 감정을 원천 차단하는 방법을 아주 구체적으로 제시합니다.

"가장 위험한 투자자는 자신의 감정을 통제할 수 있다고 믿는 사람이다. 성공한 투자자는 감정을 통제하지 않는다. 감정이 개입할 틈이 없는 '시스템'을 만들 뿐이다."

우리는 앞서 인간의 뇌가 투자에 적합하지 않다는 것을 배웠습니다. 손실을 보면 공포를 느끼고, 이익을 보면 탐욕에 젖습니다. 이것은 훈련으로 고칠 수 있는 것이 아닙니다. 인간의 본능입니다.

따라서 '마인드 컨트롤을 하자', '평정심을 유지하자'는 다짐은 아무런 소용이 없습니다. 폭락장을 만나면 그 다짐은 휴지 조각이 됩니다. 해답은 하나뿐입니다. 감정이 개입할 필요가 없는 환경을 만드는 것입니다. 이 챕터에서는 의지력을 쓰지 않고도 투자를 지속하게 해주는 구체적인 '시스템 구축법'을 소개합니다.

## 의지력의 배신: 왜 우리는 실패하는가?

심리학자 로이 바우마이스터의 연구에 따르면, 의지력(Willpower)은 근육과 같아서 쓰면 쓸수록 고갈된다고 합니다. 이를 '자아 고갈(Ego Depletion)'이라고 합니다.

- 아침: 의지력이 충만합니다. '오늘은 절대 충동 매매 안 해야지.'
- 오후: 업무 스트레스에 시달리며 의지력이 소모됩니다.
- 퇴근 후: 고갈된 상태에서 MTS를 켭니다. 이때는 이성이 아닌 감정(충동)이 뇌를 지배합니다.

직장인 투자자가 퇴근길 지하철에서 급등주를 추격 매수 하는 이유는 그들이 멍청해서가 아니라, 하루 종일 일하느라 자제력을 다 써버렸기 때문입니다.

### 해결책: 의사 결정의 자동화(Automation)

우리는 퇴근 후의 '나'를 믿으면 안 됩니다. 아침의 이성적인 내가 저녁의 감정적인 나를 통제할 수 있도록 '자동화 장치'를 심어 둬야 합니다.

## 시스템 구축 1단계: 알림(Notification) 끄기

투자의 최대 적은 '노이즈(Noise)'입니다. 스마트폰 알림은 당신의 도

파민을 자극하여 매매를 유도하는 미끼입니다.

### Action Plan: 디지털 디톡스

- MTS 푸시 알림 끄기: '삼성전자 3% 급등', '나스닥 폭락' 같은 알림을 모두 끄십시오. 이 정보는 당신의 장기 투자에 아무런 도움이 안 됩니다. 오히려 '지금 뭐라도 해야 하나?'라는 불안감만 조성합니다.
- 경제 뉴스 앱 삭제: 속보(Breaking News)는 대부분 소음입니다. 정말 중요한 뉴스는 저녁 9시 뉴스나 주말에 몰아서 봐도 늦지 않습니다.
- 시세 확인은 1일 1회만: 점심시간이나 퇴근 후 딱 한 번만 확인하는 규칙을 세우십시오. 시세를 자주 볼수록 거래 횟수가 늘어나고, 수익률은 떨어집니다(오딘의 법칙).

## 시스템 구축 2단계: 룰 기반 매매(Rule-Based Trading)

감정이 흔들릴 때 기댈 수 있는 것은 오직 '미리 정해 둔 규칙(Rule)' 뿐입니다.

### IPS(투자 정책 기술서) 작성하기

기관 투자자들은 IPS(Investment Policy Statement)라는 문서에 따라 기계적으로 운용합니다. 우리도 우리만의 헌법을 만들어야 합니다. 거창할 필요는 없습니다.

### 나만의 투자 헌법 예시

- 나는 매년 4월 21일, 10월 21일에만 매매한다.
- 나는 어떤 경우에도 주식 비중을 70% 이상 늘리지 않는다.
- 나는 개별 종목을 사지 않고 ETF만 산다.
- 나는 폭락장이 와도 200일 선 위에 있다면 팔지 않는다.

이 원칙을 인쇄해서 모니터 옆에 붙여 두십시오. 매수 버튼을 누르기 전, 이 헌법에 위배되는지 확인하는 과정(Check)만으로도 뇌동매매의 90%를 막을 수 있습니다.

### 매매 일지 쓰기

'왜 샀는가?'를 기록하십시오.

- 나쁜 예: '오를 것 같아서', '유튜브에서 좋다고 해서'
- 좋은 예: '10월 리밸런싱 날짜가 되어서', 'PBR이 0.9배가 되어서'

이유를 적다 보면, 내 행동이 감정적인지 이성적인지 스스로 검열하게 됩니다.

## 시스템 구축 3단계: 자동화 도구 활용(Tools)

현대 기술은 우리의 게으름과 충동을 막아 주는 훌륭한 도구를 제공합니다.

나는 50살에 진짜 투자를 시작했다

### 자동 이체&자동 주문(Set&Forget)

3장에서 다뤘던 내용입니다.

- 월급날 다음 날 자동으로 돈이 빠져나가게 하십시오.
- 증권사 서버 자동 주문 기능을 활용해, 내가 자고 있을 때나 일하고 있
  을 때 기계가 대신 사게 하십시오.

### 캘린더 알람 활용

스마트폰 캘린더에 '반복 일정'을 등록하십시오.

- 매월 25일: 월 적립 매수 확인
- 매년 4월 21일: 상반기 리밸런싱
- 매년 10월 21일: 하반기 리밸런싱

알람이 울릴 때만 계좌를 열어 보는 습관(Routine)을 들이면, 나머지 시간에는 투자 스트레스에서 벗어나 삶을 즐길 수 있습니다.

## 심층 분석, 손실을 마주하는 태도: '이것은 비용이다'

시스템을 갖춰도 손실은 발생합니다. 이때 멘탈이 무너지지 않으려면 손실에 대한 프레임(Frame)을 바꿔야 합니다.

### 사업가의 마인드

편의점 사장은 유통기한이 지나 폐기하는 도시락을 보고 "내 돈이 날아갔어!"라며 울지 않습니다. '매출을 내기 위한 필수 비용(Cost)'이라고 생각합니다. 투자도 사업입니다. 하락장은 수익이라는 매출을 내기 위해 반드시 치러야 할 '원가'입니다. 변동성을 견디는 대가로 수익을 얻는 것입니다.

### 휩소(Whipsaw)는 보험료다

200일 선 전략을 쓰다 보면, 팔자마자 다시 오르는 경우(거짓 신호)가 생깁니다. 이때 '아까워 미치겠다'고 생각하면 시스템을 포기하게 됩니다. 이렇게 생각하십시오. '이번엔 사고가 안 났네. 다행이다. 이번에 낸 손절 비용은 내 전 재산을 지키기 위한 자동차 보험료였다.'

### 결론: 최고의 시스템은 '나'를 지운다

가장 완벽한 투자는 '투자하고 있다는 사실조차 잊고 지내는 것'입니다.

- 내가 고민하지 않아도 돈이 들어갑니다.
- 내가 판단하지 않아도 비중이 조절됩니다.
- 내가 공포를 느껴도 시스템은 매수합니다.

이 '무심함(Indifference)'의 경지에 오르는 순간, 당신은 시장을 이긴 것입니다. 감정은 뜨겁게 삶을 사랑하는 데 쓰시고, 투자는 차갑게 기계에게 맡기십시오.

---

### 📊 핵심 요약

1. 의지력은 고갈된다: 퇴근 후의 나를 믿지 마라. 자동화된 시스템만이 나를 구한다.

2. 노이즈 차단: 알림을 끄고, 뉴스를 멀리하라. 시세 확인은 하루 한 번 이면 족하다.

3. 나만의 헌법: 투자 원칙을 종이에 적어 붙여라. 원칙 없는 매매는 도박 이다.

4. 도구 활용: 자동 이체, 자동 주문, 캘린더 알람으로 '강제성'을 부여하라.

5. 비용의 관점: 손실과 손절은 '실패'가 아니라 수익을 위한 '비용'이자 '보험료'다.

# 3. 자동화 툴·앱·ETF 활용
## : 투자의 비서(Secretary)를 고용하라

이 챕터는 '투자 비서(Secretary)'를 고용하는 단계입니다. 매번 엑셀을 켜서 계산하고, 환율을 확인하는 수고를 덜어 줄 필수 앱(App)과 구글 시트(Web Tool) 활용법 그리고 실전에서 바로 매수해야 할 국가 대표 ETF 티커들을 총정리했습니다.

독자가 스마트폰을 켜고 바로 따라 할 수 있도록 매우 실전적인 내용으로 구성했으니, 그대로 복사해서 워드에 붙여 넣으시면 됩니다.

"21세기의 투자자는 고독하지 않다. 내 손안의 비서들이 밤새도록 배당금을 계산하고, 포트폴리오를 점검해 준다. 당신은 그저 '지시(Setting)'만 하면 된다."

시스템 투자의 핵심은 '지속 가능성(Sustainability)'입니다. 아무리 완벽한 전략도 실행 과정이 복잡하고 귀찮으면 결국 포기하게 됩니다. 매일 밤 HTS를 켜서 시세를 확인하고 계산기를 두드리는 것은 20세기의 방식입니다.

우리는 스마트폰 속의 '핀테크 도구'들을 활용해 투자의 모든 과정(자산 현황 파악, 배당 관리, 리밸런싱 계산, 자동 주문)을 자동화할 것입니다. 이 도구들은 당신의 투자 시간을 '연 2시간'으로 줄여 주고, 나머지 시간을 온전히 당신의 삶에 쓰게 해 줄 것입니다.

# 필수 설치 앱 3대장: 내 손안의 관제탑

수많은 증권 앱이 있지만, 우리 시스템 투자자에게 꼭 필요한 앱은
딱 3가지입니다. 이 3가지만 있으면 자산 현황 파악부터 상품 분석,
자동 매매까지 원스톱으로 가능합니다.

## 토스증권 / 카카오페이증권(직관성과 자동화)

복잡한 차트와 호가창이 가득한 기존 증권사 앱(MTS)은 전업 투자
자에게나 필요합니다. 직장인에게는 '직관성'과 '접근성'이 생명입니다.

- 핵심 기능: 주식 도으기(자동 적립)
  - 기능: 주직 모이기 기능을 통해 매일 아침 9시에, 스타벅스 커피 한
    잔 값(5,000원)으로, S&P 500 ETF를 매수하기
  - 장점: 1주당 가격이 비싼 미국 주식(예: SPY 약 60만 원)도 1,000원 단
    위 소수점 거래가 가능해 자투리 돈을 투자하기 좋습니다. 또한, 주가
    등락에 상관없이 기계적으로 매수하므로 코스트 에버리지 효과를 극
    대화합니다.
- 활용 팁: 월급날 다음 날, 여유 자금 통장(CMA)에서 매일 일정 금액이
  빠져나가도록 '주식 모으기'를 설정해 두십시오.

## 더 리치(The Rich): 포트폴리오 시각화의 끝판왕

한국 개발자들이 만든, 전 세계적으로도 유례를 찾기 힘든 고퀄리
티 포트폴리오 관리 앱입니다. 내가 가진 여러 증권사(키움, 미래에셋,
토스 등)의 계좌를 연동해 한눈에 보여 줍니다.

- 핵심 기능:
  - 섹터 분석(Visualizing): 내 자산이 기술주에 너무 쏠려 있는지, 채권 비중이 적절한지 파이 차트로 직관적으로 보여 줍니다. 리밸런싱 여부를 판단할 때 유용합니다.
  - 배당 캘린더(Dividend Calendar): '이번 달에 들어올 월세(배당금)는 얼마인가?'를 달력 형태로 보여 줍니다. '띵동' 하고 울리는 배당 알림은 투자의 지루함을 견디게 해 주는 최고의 도파민입니다.
  - 백테스팅(Backtesting): "내가 짠 포트폴리오대로 10년 전에 투자했다면 얼마를 벌었을까?"를 시뮬레이션해 볼 수 있습니다.

## ETF Check(이티에프 체크): 상품 분석의 바이블

국내 상장 ETF 800여 개의 모든 정보를 해부해 주는 필수 앱입니다. 'S&P 500 ETF 중에 수수료가 제일 싼 게 뭐지?'와 같이 고민될 때 1초 만에 답을 줍니다.

- 핵심 기능:
  - 괴리율 확인(Discrepancy Rate): ETF의 시장 가격이 실제 가치(NAV)보다 비싼지(고평가) 싼지(저평가) 실시간으로 알려 줍니다. 괴리율이 높을 때 매수하면 앉은 자리에서 손해를 봅니다.
  - 분배금 내역: 이 ETF가 배당을 주는지(PR), 재투자하는지(TR) 한눈에 파악할 수 있습니다. 연금 계좌용 ETF를 고를 때 필수입니다.
  - 구성 종목(Holdings): '이 ETF 안에 엔비디아가 몇 퍼센트 들어 있지?'를 확인할 수 있습니다.

## 나만의 '리밸런싱 계산기' 만들기(구글 스프레드시트)

앱이 편리하지만, 나만의 정교한 전략과 리밸런싱 수량을 계산하기 위해서는 구글 스프레드시트가 필요합니다. 엑셀과 달리 실시간 주가를 자동으로 불러오기 때문에, 한 번만 만들어 두면 평생 쓸 수 있습니다.

### 마법의 함수: GOOGLEFINANCE

이 함수 하나만 알던 당신도 핀테크 개발자가 됩니다. 시트에 입력하면 20분 지연 시세(또는 실시간)를 자동으로 가져옵니다.

- 미국 주식 현재가: =GOOGLEFINANCE("티커", "price")
  - 예: =GOOGLEFINANCE("SPY", "price")
- 환율(원/달러): =GOOGLEFINANCE("CURRENCY:USDKRW")
- 한국 주식 현재가: =GOOGLEFINANCE("KRX:종목코드", "price")
  - 예: =GOOGLEFINANCE("KRX:005930", "price")(삼성전자)

### 자동 리밸런싱 시트 구조 예시

구글 스프레드시트는 엑셀 시트에 대한 지식이 부족한 대부분의 직장인인 경우, 함수 사용이 어려울 수도 있습니다. 이런 경우에는 단순한 엑셀 시트에 본인이 투자하는 리밸런싱 종목을 정리해서 관리해도 무방합니다.

아래 양식을 구글 시트에 똑같이 만드십시오. 리밸런싱 날(10/21), 시트를 열고 'E열(보유 수량)'만 업데이트하면 'G열(매매 필요 수량)'에 정답이 뜹니다.

[표 7-3] 구글 스프레드시트 리밸런싱 템플릿

(※ G열 수식: (총자산(F 합계)*목표 비중(C)-현재 평가액(F))/현재가(D))

| A<br>(자산명) | B<br>(티커) | C<br>(목표 비중) | D<br>(현재가) | E<br>(보유 수량) | F<br>(현재 평가액) | G<br>(매매 필요 수량) |
|---|---|---|---|---|---|---|
| 미국 주식 | SPY | 50% | $500(함수) | 100(수동) | $50,000(D*E) | -10(자동 계산) |
| 채권 | IEF | 30% | $95(함수) | 300(수동) | $28,500(D*E) | +15(자동 계산) |
| 합계 | - | 100% | - | - | $78,500(Sum) | - |

G열이 음수(-)면 매도, 양수(+)면 매수입니다. 고민할 필요가 없습니다.

## 실전, ETF 티커(Ticker) 총정리: 이것만 사면 된다

"좋은 건 알겠는데, 검색창에 뭐라고 쳐야 나와요?"

독자들이 가장 많이 하는 질문입니다. 자산별로 유동성(거래량), 수수료(보수), 운용 규모를 종합적으로 고려하여 선별한 '국가대표 ETF' 리스트입니다. (2024~2025년 기준)

### 미국 주식(Core & Satellite)
미국 주식 ETF는 '미국 직투용(달러)'과 '연금 계좌용(국내 상장, 원화)'으로 나뉩니다.

[표 7-4] 미국 주식 추천 ETF 티커

| 구분 | 미국 상장<br>(일반 계좌) | 국내 상장<br>(연금/ISA 계좌) | 특징 |
|---|---|---|---|
| S&P<br>500 | SPY, IVV,<br>VOO, SPLG | TIGER 미국 S&P 500<br><br>ACE 미국 S&P 500<br><br>KBSTAR 미국S&P500 | 모든 자산운용사가 수수료 최저 경쟁 중. 아무거나 골라도 무방함. |
| 나스닥<br>100 | QQQ,<br>QQQM | TIGER 미국나스닥100<br><br>ACE 미국나스닥100 | QQQM이 QQQ보다 수수료가 저렴하여 장기 투자에 유리함. |
| 러셀<br>2000 | IWM, VTWO | KODEX 미국러셀2000(H) | 국내에는 환헤지(H) 상품이 많음. 경기 회복기 투자용. |
| 배당<br>성장 | SCHD | TIGER 미국배당다우존스<br><br>SOL 미국배당다우존스 | 일명 '한국판 슈드'. 월배당의 대명사로 현금 흐름 창출에 최적. |

## 한국 주식

한국 주식은 배당금을 자동으로 재투자해 주는 'TR(Total Return)' 상품이 세금 이연 효과가 있어 유리합니다.

[표 7-5] 한국 주식 추천 ETF 티커

| 구분 | 추천 ETF | 특징 |
|---|---|---|
| KOSPI 200 | KODEX 200TR<br><br>TIGER 200 | TR 상품은 배당소득세(15.4%)를 떼지 않고 원금에 재투자하므로 장기 수익률이 더 높음. |

## 채권(안전판)

채권은 '환노출(UH)'을 기본으로 하되, 환율이 너무 높을 때(1,400원 이상)는 '환헤지(H)'를 고려합니다.

[표 7-6] 채권 추천 ETF 티커

| 구분 | 미국 상장 | 국내 상장(연금용) | 특징 |
|---|---|---|---|
| 미국채 10년 | IEF | TIGER 미국채 10년 선물 | 가장 표준적인 안전 자산. |
| 미국채 30년 | TLT, SPTL | ACE 미국 30년 국채액티브(H)<br>TIGER 미국채30년스트립액티브 | (H)는 환율 변동 제거.<br>'스트립'은 채권 원금만 분리해 듀레이션을 극대화한 공격적 상품. |
| 단기채/현금 | SHV, SGOV | TIGER 미국 달러 단기채권액티브<br>KODEX 미국 달러 SOFR 금리액티브 | '달러 파킹통장' 개념. 매일 이자가 쌓이며 환금성이 좋음. |

## 대체 자산(금)

금은 일반 계좌에서는 KRX 금시장이, 연금 계좌에서는 현물 ETF
가 정답입니다.

[표 7-7] 금 투자 추천 티커

| 구분 | 미국 상장 | 국내 상장(연금용) | KRX 금시장 |
|---|---|---|---|
| 금(Gold) | IAU, GLDM, GLD | ACE KRX금현물 | 금 99.99K(종목 코드) |
| 특징 | 달러 자산 | 퇴직 연금에서 매수 가능.<br>선물이 아닌 현물이라 롤오버 비용 없음. | 매매차익 비과세(세금 0원).<br>금융소득종합과세 제외. 최강의 절세 상품. |

1. 앱으로 무장하라: '토스증권'으로 모으고, '더 리치'로 점검하고, 'ETF Check'로 분석하라. 이 3가지만 있으면 여의도 펀드 매니저가 부럽지 않다.

2. 구글 시트는 필수다: GOOGLEFINANCE 함수를 활용해 나만의 '자동 리밸런싱 계산기'를 만들어라. 감정이 들어갈 틈을 주지 않는다.

3. 티커를 외워라: SPY, QQQ, TLT, GLD는 투자의 구구단이다. 국내 연금 계좌용 티커(TIGER 미국 S&P 500, ACE KRX 금현물 등)도 반드시 숙지하여 세금 혜택을 놓치지 마라.

이 도구들을 세팅하는 데 걸리는 시간은 단 하루입니다. 하지만 그 효과는 평생 당신의 자산을 지켜 줄 것입니다. 이제 당신은 시스템을 운용할 모든 준비를 다쳤습니다.

# 8장

# 은퇴 자산 완성 로드맵
## (20년 플랜)

# 1. 35세, 45세, 55세별 모델 포트폴리오
## : 인생의 시계에 맞춘 최적의 설계도

이 파트는 책의 결론이자 '실행의 정수(Essence of Action)'입니다. 단순히 "젊으면 공격적으로, 늙으면 보수적으로 하라"는 뻔한 조언이 아닙니다. 각 연령대가 처한 경제적 현실(소득, 지출, 은퇴 준비 기간)을 정밀하게 분석하고, 그에 맞는 최적의 자산 배분 비율(Asset Allocation Ratio)과 구체적인 ETF 티커 그리고 20년 뒤의 자산 시뮬레이션 결과까지 완벽하게 도출해 냈습니다.

"가장 위험한 투자는 자신의 나이를 잊은 투자다. 20대의 포트폴리오를 60대가 따라 한다면 그것은 투자가 아니라 도박이다. 반대로 60대의 포트폴리오를 20대가 따라 한다면 그것은 직무유기다."

투자 전략은 고정된 것이 아닙니다. 나이와 함께 생애 주기가 변함에 따라 포트폴리오도 진화해야 합니다. 이를 '글라이드 패스(Glide Path)'라고 합니다. 비행기가 이륙할 때는 엔진을 최대로 가동하지만(공격적), 착륙할 때는 엔진을 줄이고 활공하며 안전하게 내려앉는 것(보수적)과 같습니다.

이 챕터에서는 대한민국 직장인의 대표적인 세 연령대인 35세(축적기), 45세(전성기), 55세(은퇴 준비기)를 위한 맞춤형 포트폴리오를 제시합니다.

## 35세: 공격형 성장 모델(The Aggressive Accumulator)

35세는 직장 생활 5~10년 차로, 연봉이 상승하기 시작하고 결혼이나 내 집 마련 등으로 목돈이 필요한 시기입니다. 하지만 은퇴까지는 아직 25년 이상의 긴 시간이 남아 있습니다.

### 투자 철학: '변동성은 내 친구다'
이 시기의 가장 큰 자산은 '돈'이 아니라 '시간'입니다.

- 회복 탄력성: 지금 -50% 폭락장을 맞아도, 은퇴할 때까지 5번 이상의 상승장을 더 만날 수 있습니다. 손실을 복구하고도 남을 충분한 시간이 있습니다.
- 복리의 마법: 지금 투자한 100만 원은 30년 뒤 1,700만 원(연 10% 가정)이 됩니다. 가장 높은 수익률을 추구해야 할 때입니다.
- 인적 자본(Human Capital): 앞으로 일해서 벌 수 있는 월급이 많습니다. 월급 자체가 채권(안전 자산) 역할을 하므로, 금융 자산은 주식(위험자산) 비중을 높여도 안전합니다.

### 추천 포트폴리오: 주식 80%+채권 / 대체 20%
안정성보다는 '성장성(Growth)'에 올인합니다.

[표 8-1] 35세 추천 포트폴리오 구성안

| 자산군 | 세부 자산 | 비중 | 역할 | 추천 ETF(티커) |
|---|---|---|---|---|
| 주식<br>(80%) | 미국 나스닥 100 | 40% | 핵심 성장 엔진 | TIGER 미국나스닥 100 |
| | 미국 S&P 500 | 30% | 든든한 허리 | ACE 미국 S&P 500 |
| | 비트코인 | 10% | 슈퍼 알파<br>(Super Alpha) | (거래소 현물 매수) |
| 채권/안전<br>(20%) | 미국 장기채(30년) | 10% | 위기 시 헷지<br>(Hedge) | KODEX 미국채 울트라 30년 |
| | CMA / 현금 | 10% | 저가 매수용 실탄 | (증권사 CMA 계좌) |

- 특징: 나스닥 비중이 S&P 500보다 높습니다. 기술주의 성장성을 믿고 베팅합니다. 비트코인 10%는 젊은 세대의 특권입니다.
- 기대 수익률: 연 12%~15%
- 최대 낙폭(MDD): -25%~-30%(견뎌야 합니다)

## 20년 시뮬레이션: '55세 조기 은퇴(FIRE) 프로젝트'

- 조건: 초기 자금 3,000만 원+매월 150만 원 적립(연 12% 수익 가정)

[표 8-2] 35세 투자자의 20년 후 자산 변화

| 경과(나이) | 총 원금 | 투자 수익 | 총자산 | 비고 |
|---|---|---|---|---|
| 5년(40세) | 1억 2,000만 원 | 4,500만 원 | 1억 6,500만 원 | 시드머니 완성 |
| 10년(45세) | 2억 1,000만 원 | 1억 8,000만 원 | 3억 9,000만 원 | 자산 가속화 |
| 15년(50세) | 3억 원 | 4억 8,000만 원 | 7억 8,000만 원 | 노동 소득 추월 |
| 20년(55세) | 3억 9,000만 원 | 10억 7,000만 원 | 14억 6,000만 원 | 경제적 자유 달성 |

나는 50살에 진짜 투자를 시작했다

## 45세: 균형 성장 모델(The Balanced Grower)

45세는 인생의 허리이자 전성기입니다. 직장에서는 관리자급으로 소득이 가장 높지만, 자녀 사교육비와 주택 대출 상환 등으로 지출도 가장 많은 '샌드위치 세대'입니다. 은퇴까지 10~15년 남았습니다.

### 투자 철학: '잃지 않으면서 번다'

이제는 무작정 공격할 수 없습니다. 한 번 미끄러지면 복구할 시간이 부족합니다.

- 중위험 중수익: 대박보다는 '시장 평균 이상의 꾸준함'을 목표로 합니다.
- 현금 흐름 준비: 자산의 규모(Size)뿐만 아니라, 슬슬 배당금 같은 현금 흐름(Cash Flow)에도 관심을 가져야 합니다.
- 절세 극대화: 소득이 높으므로 세금을 줄이는 것이 곧 수익입니다. IRP 와 연금 저축 한도를 꽉 처워야 합니다.

### 추천 포트폴리오: 주식 60%+채권 30%+대체 10%

전통적인 60/40 전략을 기반으로 하되, 인플레이션 방어를 위해 금을 섞습니다.

[표 8-3] 45세 추천 포트폴리오 구성안

| 자산군 | 세부 자산 | 비중 | 역할 | 추천 ETF(티커) |
|---|---|---|---|---|
| 주식 (60%) | 미국 S&P 500 | 40% | 안정적 성장(Main) | TIGER 미국S&P500 |
| | 배당 성장(SCHD) | 20% | 현금 흐름+방어 | SOL 미국배당다우존스 |
| 채권 (30%) | 미국 장기채 | 15% | 주식 하락 방어 | ACE 미국 30년 국채액티브 |
| | 단기채 / 현금 | 15% | 금리 인상 방어 | TIGER 미국 달러 단기채권 |
| 대체 (10%) | 금(Gold) | 10% | 인플레이션 헷지 | ACE KRX금현물 |

- 특징: 나스닥 비중을 없애고(또는 S&P 500에 포함), 변동성이 적고 배당이 나오는 SCHD(배당 성장)를 20% 편입했습니다. 채권은 장기 / 단기를 반반 섞는 바벨 전략으로 금리 변동 위험을 최소화합니다.
- 기대 수익률: 연 8%~10%
- 최대 낙폭(MDD): -15%~-20%(심리적 안정감)

## 20년 시뮬레이션: '든든한 노후 준비'

조건: 초기 자금 1억 원+매월 200만 원 적립(연 9% 수익 가정)

(※ 45세는 소득이 높아 적립금을 늘릴 수 있다고 가정)

[표 8-4] 45세 투자자의 20년 후 자산 변화

| 경과(나이) | 총원금 | 투자 수익 | 총자산 | 비고 |
|---|---|---|---|---|
| 5년(50세) | 2억 2,000만 원 | 8,600만 원 | 3억 600만 원 | 안정적 기반 |
| 10년(55세) | 3억 4,000만 원 | 2억 7,000만 원 | 6억 1,000만 원 | 은퇴 가시권 |
| 15년(60세) | 4억 6,000만 원 | 6억 원 | 10억 6,000만 원 | 텐배거(10억) 달성 |
| 20년(65세) | 5억 8,000만 원 | 11억 4,000만 원 | 17억 2,000만 원 | 여유로운 노후 |

나는 50살에 진짜 투자를 시작했다

## 55세: 인출 및 방어 모델(The Wealth Preserver)

55세는 임금 피크제에 들어가거나 은퇴를 코앞에 둔 시기입니다. 이제 중요한 것은 '자산을 불리는 것'이 아니라 '자산을 지키며 빼 쓰는 것(Withdrawal)'입니다. 이를 '인출기(Decumulation Phase)'라고 합니다.

### 투자 철학: '변동성은 적이다'

은퇴 직전에 -30% 폭락장을 맞으면(Sequence of Returns Risk), 노후 계획 전체가 무너집니다.

- 현금 흐름 중시: 자산을 팔지 않아도 매달 생활비가 나오는 구조(배당, 이자)를 만들어야 합니다.
- 물가 방어: 그렇다고 예금에만 넣으면 인플레이션에 구매력이 깎입니다. 최소한의 주식 비중은 유지해야 합니다.

### 추천 포트폴리오: 올웨더(주식 40%+채권 40%+대체 20%)

레이 달리오의 사계절 포트폴리오를 한국 실정에 맞게 변형한 모델입니다.

[표 8-5] 55세 추천 포트폴리오 구성안

| 자산군 | 세부 자산 | 비중 | 역할 | 추천 ETF(티커) |
|---|---|---|---|---|
| 주식 (40%) | 배당 성장(SCHD) | 30% | 월 배당금 수령 | TIGER 미국배당다우존스 |
| | S&P 500 | 10% | 자산 가치 보존 | KBSTAR 미국 S&P 500 |
| 채권 (40%) | 미국 종합채권 | 20% | 이자 수령 | KODEX 미국종합채권(AA-이상) |
| | 단기채 / 현금 | 20% | 생활비 인출용 | (파킹통장 / 단기채 ETF) |
| 대체 (20%) | 금(Gold) | 10% | 화폐 가치 방어 | ACE KRX금현물 |
| | 리츠 (Reits) | 10% | 월세 배당 | TIGER 리츠부동산인프라 |

- 특징: 성장주(나스닥)를 과감히 버리고, 배당주(SCHD)와 리츠 비중을 높여 '월 현금 흐름'을 만듭니다. 채권 비중을 40%로 높여 포트폴리오의 변동성을 극도로 낮춥니다. 현금 비중 20%는 약 2~3년치 생활비에 해당하며, 폭락장이 와도 주식을 팔지 않고 이 현금으로 버틸 수 있게 해 줍니다.
- 기대 수익률: 연 6%~7%(배당 수익 포함)
- 최대 낙폭(MDD): -10% 이내(매우 안정적)

## 20년 시뮬레이션: '마르지 않는 샘물(4% 룰)'

- 조건: 은퇴 자금 5억 원 거치(더 이상 적립 없음).
- 인출: 매월 200만 원(연 2,400만 원) 인출해서 생활비로 사용.
- 수익률: 연 6% 가정(보수적).

나는 50살에 진짜 투자를 시작했다

[표 8-6] 55세 은퇴자의 자산 인출 시뮬레이션

| 경과(나이) | 기초 자산 | 연 수익금(+6%) | 연 인출금(-2,400만) | 기말 자산 |
|---|---|---|---|---|
| 1년(56세) | 5억 원 | +3,000만 원 | -2,400만 원 | 5억 600만 원 |
| 10년(65세) | 5억 6,000만 권 | +3,300만 원 | -2,400만 원 | 6억 2,000만 원 |
| 20년(75세) | 7억 5,000만 권 | +4,500만 원 | -2,400만 원 | 9억 1,000만 원 |

놀라운 결과입니다. 매달 200만 원씩 20년을 빼 썼는데(총 4억 8천만 원 사용), 원금이 줄어들기는커녕 9억 원으로 늘어났습니다.

이것이 트리니티 대학 연구팀이 증명한 '4%의 법칙'입니다. 연평균 수익률(6~7%)이 인출률(4%)보다 높다면, 자산은 영원히 고갈되지 않습니다. 당신은 죽을 때까지 돈 걱정 없이 살다가 자녀에게 더 큰 자산을 물려줄 수 있습니다.

### 핵심 요약

1. 35세(Accumulation): 공격하라. 나스닥 40%+비트코인 10%로 자산을 퀀텀 점프시켜라. 시간이 당신의 편이다.

2. 45세(Balance): 균형을 잡아라. 주식 60%+채권 30%의 황금 비율로 자산을 불리면서 지켜라.

3. 55세(Preservatior): 방어하라. 배당주+리츠+채권으로 월 현금 흐름을 만들고, '4% 인출 룰'을 지켜라. 마르지 않는 샘물이 될 것이다.

4. 공통: 어떤 나이든 '자산 배분'의 원칙은 변하지 않는다. 비율(Ratio)만 조절할 뿐이다.

# 2. 비트코인·AI·금융 시장 구조 변화 대응법
## : 부의 지도가 바뀌는 2030년

"미래는 이미 와 있다. 단지 널리 퍼지지 않았을 뿐이다."

— 윌리엄 깁슨

지금까지 우리는 과거 데이터를 바탕으로 현재의 시스템을 구축했습니다. 하지만 투자는 미래를 사는 것입니다. 앞으로 10년, 금융 시장은 지난 100년보다 더 급격하게 변할 것입니다.

우리가 맞이할 2030년의 세상은 세 가지 거대한 파도(Big Wave)가 덮쳐 올 것입니다.

- 디지털 금의 완성(Bitcoin): 비트코인이 달러를 위협하는 대체 자산으로 자리 잡는다.
- AI 혁명(Singularity): 인간의 노동 가치가 하락하고, 자본(AI 기업)의 가치가 폭등한다.
- 구조적 고물가(Regime Shift): 저금리 시대는 끝났고, 실물 자산의 시대가 온다.

이 챕터에서는 이 거대한 변화 속에서 어떻게 살아남아 부를 거머쥘 것인지, 구체적인 대응 전략을 제시합니다.

나는 50살에 진짜 투자를 시작했다

# 비트코인: 반감기의 공포를 '기회'로 바꾸는 법

비트코인은 더 이상 투기꾼들의 장난감이 아닙니다. 블랙록(Black-Rock)이 ETF를 만들고, 미국 대선 후보들이 비트코인을 언급합니다. 하지만 여전히 변동성은 큽니다. 우리는 이 변동성의 규칙, 즉 '반감기 사이클'을 이용하여 부를 증폭시킬 것입니다.

## 역사는 반복된다: 반감기 전후의 폭락과 폭등 패턴

비트코인은 약 4년마다 채굴 보상이 절반으로 줄어드는 '반감기(Halving)'를 겪습니다. 이 공급 충격은 항상 가격 폭등을 불러왔지만, 그 과정은 순탄치 않았습니다. 폭등 전에는 반드시 '지옥 같은 폭락(Deep Correction)'이 선행되었습니다.'

[표 8-7] 역대 반감기 전후 가격 등락 및 MDD 분석

| 차수 | 반감기 시점 | 폭등 전 폭락(기회) | 반감기 후 최고점 | 상승률(저점 대비) |
|------|------------|-------------------|-----------------|------------------|
| 1차 | 2012년 11월 | -40%(2011년 폭락 후 횡보) | $1,100(2013년) | +9,000% |
| 2차 | 2016년 7월 | -30%(반감기 직후 조정) | $20,000(2017년) | +3,000% |
| 3차 | 2020년 5월 | -63%(코로나19 쇼크, $3,800) | $69,000(2021년) | +1,700% |
| 4차 | 2024년 4월 | -20%(2023년 조정) | ?(진행 중) | ? |

## '반감기 폭락'은 하늘이 준 기회다

많은 사람이 반감기가 오면 무조건 오른다고 생각해서 미리 삽니다. 그래서 반감기 직전이나 직후에 '뉴스에 팔아라(Sell the News)' 물량이 쏟아지며 가격이 -20~30%씩 급락하곤 합니다.

이때 대중은 "속았다"며 욕하고 떠납니다. 하지만 통계적으로 이때가 사이클 중 '마지막 저점 매수' 기회였습니다.

- 2020년 3월: 반감기를 두 달 앞두고 비트코인이 하루에 -50% 폭락했습니다($3,800). 공포에 질려 손절한 사람은 불과 1년 뒤 $60,000가 되는 15배 상승장을 놓쳤습니다.

## 2025~2030년 비트코인 시나리오

2024년 4차 반감기 이후, 공급은 더욱 줄어들었습니다. (블록당 3.125 BTC)

- 2025년: 반감기 공급 충격이 본격화되며 전고점을 뚫는 '슈퍼 사이클' 가능성.
- 2026년: 사이클상 고점을 찍고 다시 -70% 수준의 하락장(Crypto Winter) 진입 가능성.
- 2028년: 5차 반감기 도래.

### Action Plan: 비트코인 대응

- 포트폴리오 5% 룰: 전체 자산의 5%는 무조건 비트코인으로 채워 두십시오. 5%가 0원이 되어도 당신의 인생은 망하지 않지만, 5%가 10배가

되면 당신의 은퇴 시점은 5년 빨라집니다. (비대칭적 기회)

- 폭락 시 추매: 고점 대비 -50% 이상 폭락하면, 리밸런싱을 통해 비트
  코인 비중을 10%까지 늘리십시오. (공포 매수)
- 고점 매도: 뉴스가 비트코인으로 도배되고, 친척이 코인을 물어볼 때
  (NUPL 지표 과열), 기계적으로 분할 매도 하여 수익을 채권이나 금으로
  옮기십시오.

## AI 혁명: 노동하지 말고 자본가가 되라

2030년까지 AI는 화이트칼라 직업의 상당수를 대체하거나 효율화
할 것입니다. 이는 '노동 소득의 감소'와 '자본 소득의 폭증'을 의미합
니다.

### 승자 독식의 시대(Winner Takes All)

AI는 데이터와 자본이 많은 소수 기업(빅테크)에게 유리합니다. 구
글, 마이크로소프트, 엔비디아 같은 기업들은 AI라는 무기를 통해
전 세계의 부를 빨아들일 것입니다.

- 과거: 노동자가 열심히 일해서 부자가 됨.
- 미래: AI를 소유한 기업의 주주가 부자가 됨.

### AI가 만드는 '잉여 현금 흐름'

AI 도입으로 기업은 인건비를 줄이고 생산성을 높여 막대한 현금

(Cash Flow)을 창출할 것입니다. 이 돈은 누구에게 갈까요? 바로 '주주(배당 / 자사주 매입)'입니다.

### Action Plan: AI 시대 생존법

- 빅테크 ETF 보유: 개별 기업 승자를 맞추려 하지 마십시오. 나스닥 100(QQQ)이나 미국 테크 TOP 10(IETC, XLK) ETF를 사서 AI 생태계 전체에 베팅하십시오.
- 자본 소득 비중 확대: 월급에만 의존하는 것은 위험합니다. 40대 이후라면 자산 소득(배당, 이자, 월세)이 노동 소득의 50%를 넘어서도록 시스템을 키워야 합니다. AI가 당신의 일을 뺏더라도, 당신이 가진 AI 기업의 주식이 당신을 먹여 살릴 것입니다.

## 금융 시장의 구조적 변화: 저물가 시대의 종말

지난 2010년대는 '저물가, 저금리'의 골디락스 시대였습니다. 하지만 2020년대 이후는 다릅니다. 탈세계화(전쟁, 무역 분쟁), 고령화(노동력 부족), 친환경 전환(그린 플레이션)은 구조적으로 물가를 자극합니다.

### 주식 / 채권 동반 하락의 빈번화

과거에는 '주식이 떨어지면 채권이 오른다'는 공식이 통했습니다. 하지만 인플레이션이 높으면, 2022년처럼 주식과 채권이 같이 떨어집니다. 전통적인 60/40 포트폴리오는 더 이상 안전하지 않습니다.

### 실물 자산(Real Assets)의 부상

화폐 가치가 불안할 때는 '실체(Real)'가 있는 자산이 힘을 씁니다.

- 금(Gold): 불변의 화폐.
- 원자재(Commodities): 석유, 구리, 식량 등.
- 부동산(REITs): 임대료를 올려 인플레이션을 방어함.

### Action Plan: 인플레이션 헷지

- 대체 자산 비중 확대: 과거에는 주식 / 채권만으로 충분했지만, 이제는 포트폴리오의 10~20%를 금, 리츠, 비트코인 같은 대체 자산에 할당해야 합니다.
- 현금 비중 축소: 고물가 시대에 현금은 가장 빨리 녹는 얼음입니다. 파킹통장(CMA)을 활용하되, 과도한 현금 보유는 피하십시오.

## 종합: 2030년 미래 대비 포트폴리오 제안

미래의 변화를 반영한 '차세대 올웨더 포트폴리오'입니다. (1억 원 이상 투자자 권장)

[표 8-8] 2030 대비 미래형 포트폴리오 구성

| 자산군 | 비중 | 역할 | 투자 대상(ETF) |
|---|---|---|---|
| AI / 성장주 | 30% | AI 혁명의 과실 공유 | 나스닥 100, 미국 테크 TOP 10 |
| 방어주 / 배당 | 20% | 현금 흐름 확보 | SCHD(배당 성장), 헬스케어 |
| 채권(국채) | 30% | 디플레이션 / 경기 침체 방어 | 미국 장기채/단기채 바벨 전략 |
| 대체 자산 | 20% | 인플레이션 / 화폐 붕괴 방어 | 금(10%)+비트코인(5%)+리츠(5%) |

이 포트폴리오는 AI가 주도하는 성장을 놓치지 않으면서(주식 50%), 고물가와 화폐 가치 하락에도 견딜 수 있는(대체 20%) 구조입니다.


## 결론: 변화를 두려워 말고 올라타라

세상은 변합니다. 100년 전에는 철도주가 최고였고, 30년 전에는 닷컴 기업이 최고였습니다. 10년 뒤에는 비트코인과 AI 기업이 시가 총액 1, 2위를 다툴지도 모릅니다.

두려워할 필요 없습니다. 우리는 '시장 전체(Index)'를 사는 투자자입니다. 세상이 어떻게 변하든, S&P 500 지수와 자산 배분 시스템은 스스로 진화하며 살아남을 것입니다.

당신이 해야 할 일은 단 하나, 시스템을 믿고 시장에 머무르는 것(Stay Invested)입니다.

# 투자는 삶을 자유롭게 하기 위한 수단이다

"돈은 훌륭한 하인이지만, 끔찍한 주인이다."

— 프랜시스 베이컨

지난 수백 페이지에 걸쳐 우리는 자본주의의 역사, 복리의 마법 그리고 자산 배분이라는 강력한 시스템을 구축했습니다. 이제 마지막으로, 투자라는 긴 여정을 시작하기 전에 스스로에게 던져야 할 가장 근원적인 질문이 하나 있습니다.

"당신은 왜 부자가 되려 합니까?"

단지 통장의 숫자를 늘리기 위해서라면 이 모든 노력은 결국 공허해질 수 있습니다. 돈 그 자체는 목적이 될 수 없기 때문입니다. 돈은 우리가 원하는 것을 얻기 위한 수단일 뿐입니다.

제가 이 책을 쓴 진짜 이유는, 대한민국의 평범한 직장인들이 '돈 걱정'에서 해방되어 자신의 '시간'을 되찾길 바라는 마음에서입니다.

우리는 매일 아침 지옥철에 몸을 싣고, 상사의 눈치를 보며 야근을 하고, 원치 않는 회식 자리에 앉아 웃음을 팝니다. 카드값을 메우기 위해, 대출 이자를 갚기 위해 우리는 인생의 가장 소중한 시간과 에너지를 돈과 맞바꾸며 살아갑니다. 우리는 이것을 '성실함'이라 부르며 견뎌 왔지만, 자본주의 사회에서 진정한 성실함은 노동만이 아닙니다. 내가 일하지 않아도 내 자산이 나를 위해 일하게 만드는 것, 그것이 나 자신과 내 가족의 미래를 지키는 가장 성실한 태도입니다.

이 책에서 제안한 '자동 투자 시스템'은 당신에게 두 가지 선물을 줄 것입니다.

첫째는 '경제적 안전판'입니다. 어떤 경제 위기가 와도, 회사가 어려워져도, 갑자기 아파서 일을 못 하게 되어도 무너지지 않는 자산이 당신의 뒤를 든든하게 받쳐 줄 것입니다.

둘째는 '시간의 자유'입니다. 매일 밤잠을 설치며 미국 증시를 확인하고, 근무 시간에 화장실에 숨어 단타를 치는 대신 그 시간에 아이와 눈을 맞추고, 부모님께 전화를 걸고, 좋아하는 취미를 즐기고, 더 가치 있는 일에 몰입할 수 있게 될 것입니다.

4월 21일과 10월 21일. 1년에 딱 이틀만 투자에 양보하십시오. 그리고 나머지 363일은 오롯이 당신의 행복을 위해 쓰십시오. 시장에 비가 오든 눈이 오든, 당신이 잠든 사이에도 시스템은 묵묵히 당신의 자산을 불려 줄 것입니다.

지금 당장 시작하십시오. 완벽한 타이밍을 기다리지 마십시오. 가장 좋은 투자 시점은 20년 전이었고, 두 번째로 좋은 시점은 바로 오늘입니다.

10년 뒤, 경제적 자유를 얻은 당신이, 오늘의 용기 있는 결정을 내린 당신에게 감사할 것입니다. 당신의 투자가 그리고 당신의 삶이 어제보다 오늘 더 풍요로워지기를 진심으로 응원합니다.

　　　　　　　　　　　　　　나는 50살에 진짜 투자를 시작했다

# 부록: 자동투자 실전 체크리스트

이 페이지를 인쇄하거나 스마트폰에 저장해 두고, 투자를 시작할 때와 리밸런싱 날마다 하나씩 체크하며 실행하십시오.

## 투자 준비 체크리스트(D-Day)

### 통장 시스템 구축

- [  ] 급여 통장: 수수료 면제 통장으로 지정하고, 급여일 D+1일 자동 이체 설정 완료.
- [  ] 생활비 통장: 체크카드 연결 완료. 월 생활비 예산만 입금되도록 설정.
- [  ] 비상금 통장: CMA 또는 파킹통장 개설 완료. (목표: 월 생활비×3배)
- [  ] 투자 통장: 증권사 연금저축펀드 및 IRP 계좌 개설 완료.

### 자동화 설정

- [  ] 자동 이체: 급여일 다음 날 투자 통장으로 월 적립금 자동이체 설정.
- [  ] 자동 주문: 증권사 앱에서 매월 지정일에 ETF 시장가 매수 주문 설정.
- [  ] 알림 설정: 캘린더에 매년 4월 21일, 10월 21일 '리밸런싱 데이' 반복 열정 등록.

## 상반기 리밸런싱 체크리스트(매년 4월 21일)
목표: 수확(수익 실현) 및 여름철 방어 준비

### 자산 점검

- [ ] 총자산 확인: 모든 계좌(연금, IRP, 일반)의 평가 금액 합산 및 엑셀 입력.
- [ ] 비중 확인: 목표 비중보다 초과한 자산(주로 주식)과 부족한 자산 확인.
- [ ] 200일 선 체크: S&P 500 지수가 200일 이동평균선 위에 있는가? (상승 추세 확인)

### 매매 실행

- [ ] 매도(Sell): 비중이 초과된 자산을 매도하여 현금 확보. (연금 계좌 우선 매도)
- [ ] 매수(Buy): 확보한 현금으로 비중이 부족한 자산(채권 등) 매수.
- [ ] 현금 비중: 다가올 5~10월 조정장을 대비해 현금(달러 / 단기채) 비중을 5~10% 확보했는가?

## 하반기 리밸런싱 체크리스트(매년 10월 21일)
목표: 파종(저점 매수) 및 겨울 랠리 준비

### 자산 점검

- [ ] 총자산 확인: 지난 6개월간의 변동 사항 반영.
- [ ] 비중 확인: 목표 비중보다 부족한 자산(주로 주식) 확인. (저평가 상태)
- [ ] 공포 지수 체크: 시장이 공포 구간(Fear&Greed < 25)인가? (공격적 매수 기회)

## 매매 실행

- [  ] 매도(Sell): 4월에 확보했던 현금 / 채권을 매도하여 실탄 마련.
- [  ] 매수(Buy): 가격이 떨어진 주식(S&P 500, 나스닥)을 대거 매수하여 비중 채우기.
- [  ] 세금 체크: 연말정산 세액공제 한도(900만 원) 잔여액 확인 후 추가 납입.


## 멘탈 관리 체크리스트(수시 확인)
"지금 당장 팔고 싶거나, 사고 싶어 미칠 때"

- [  ] 이유 확인: 나는 지금 데이터(Fact)를 보고 있는가, 뉴스(Noise)를 보고 있는가?
- [  ] 장기 관점: 이 결정이 10년 뒤에도 후회하지 않을 결정인가?
- [  ] 시스템 신뢰: 내가 정한 원칙(포트폴리오 비중)을 위반하는 행동인가?
- [  ] 수면 테스트: 이 투자를 하고 나서 밤에 잠이 잘 올 것인가?

## 나의 포트폴리오 기록장

(※ 독자가 직접 기입할 수 있는 빈칸)

- 나의 투자 목표: _____ (예: 55세에 10억 만들기)
- 나의 목표 비중:

  미국 주식: _____ %

  한국 주식: _____ %

  채권: _____ %

  금/현금: _____ %

  기타: _____ %

  나의 리밸런싱 날짜: 매년 _____월 _____일 / _____월 _____일

나는 50살에 진짜 투자를 시작했다